# なぜ東大生の2人に1人はピアノを習っていたのか

中村三郎
Nakamura Saburo

秀和システム

# はじめに

本書を執筆するきっかけとなったのは、テレビ局に勤務する友人Yさんとの雑談である。

その雑談でYさんが言うには、東大生は音楽好きで半数以上がなにかしらの楽器を演奏でき、なかでもピアノを弾くことのできる学生がいちばん多いのではないかという話だった。そして、東大生のピアノ好きは、世間ではそれなりに知られていることでもあるという。

ちなみにYさんは東大卒で、中学生の頃からクラリネットに親しみ、いまでも音楽仲間とジャズのライブハウスに出演する。また、「トゥーランドット」や「トスカ」などの作品で知られるプッチーニを愛し、余暇には劇場に足を運ぶというオペラ通でもある。

「東大生の多くはピアノを弾く」というYさんの話に、にわかに興味を抱いた筆者は、「頭がいい」といわれる東大生とピアノを弾くことのあいだに、何か関係があるのではないかと考えた。

そこで調査をすると、東大生にたいへん興味深い、ある共通点があることがわかった。

それは「東大生の2人に1人がピアノを習っている」というデータである。

現役東大生で組織される東大家庭教師友の会が、東大在学生を対象に「子どもの頃にどんな習い事をしていたか」というアンケート調査をしたところ、2人に1人がピアノを習った経験をもっていたのだ。

ヴァイオリンやエレクトーンなど、その他の楽器をふくめると3人に2人にものぼる。東大は男子学生が8割を占めるが、ピアノをふくめたなんらかの楽器を習っていた男子学生の割合は6割を超えるという。

楽器の習い事は、一般に男子より女子のほうが多いといわれるなかで、この男子東大生の数字は特筆すべきことである。


しかしながら、友の会の調査データをそのまま鵜呑みにしてもよいものか。数字は正しいのか。ここは、自分としても確認を求める必要がある。

そう思った筆者は、東大駒場キャンパスに通う男子学生に聞き取り調査を行った。すると、友の会の調査とほぼ同じ結果が得られたのである。

この興味深い〝事実〟を出発点として、本書は執筆されている。

第1章では、習い事の変遷と現代の子どもたちに人気の習い事。また、習い事の社会的風潮を紹介。さらに、東大生は子どもの頃にどんな習い事をしていたか。なぜ東大生にピアノ経験者が多いのかなどに言及。

第2章では、脳のしくみと働き。音楽がもたらす脳の作用とピアノレッスンによる脳の活性化。「頭がよくなる」メカニズムなど脳科学者による研究、調査結果をリポート。

第3章では、西洋で製造されたピアノが楽器としてどのように発展してきたのか。また、国産ピアノの誕生とピアノの流行、およびピアノ教育の大衆化について解説。

第4章では、音楽は幸福感を育み、さまざまな能力を高める研究調査をリポート。また、ピアノ授業が必須の名門開成中学の独創的な音楽教育。さらに、東大ピアノサークルの活発な音楽活動を紹介。

第5章では、古代ギリシアから始まったリベラルアーツ（一般教養）としての音楽教育の歩み。音楽教育の先進国であるアメリカの高校・大学の授業事情を解説。さらに、グローバル社会の変化のなかで日本の大学でも実践されているリベラルアーツの取り組みをリポート。

本書は、「ピアノの魅力」と「音楽の力」のふたつを柱に、「いまこそ教養としての音楽が求められている」ことを述べたが、なにぶん題材が広範囲にわたっているため、こなれの悪い部分もあるかと思う。そこはご容赦いただき、「音楽から生まれる豊かな人生」を少しでも知っていただければ幸いである。

本書の執筆にあたり、書籍、雑誌、Ｗｅｂ記事など多くの資料を参考にさせていただきました。関係者の方々に厚くお礼申し上げます。

また、Ｙ・Ｏ君をはじめとする東大生の皆さんにもご協力いただきありがとうございました。お礼申し上げます。

令和2年1月吉日　中村三郎

もくじ

第2章 ピアノを弾くとなぜ頭がよくなるのか ……51



第3章 国産ピアノの誕生と音楽教育 ……83

## 第5章

# 音楽が明日の「人間力」を創る　137

# 第1章

# 東大合格者の意外な共通点

# 時代とともに移り変わる子どもの習い事

## 習い事の始まりは江戸時代の芸事

現在、小学生の約8割がなんらかの習い事をしているという。水泳、英会話、音楽教室（ピアノ、バイオリンなどの楽器演奏）、バレエ、サッカー、野球といった定番のものから、テニス、ゴルフ、フィギュアスケートなど流行の習い事まで、いくつもかけ持ちをしている子どもも少なくないと聞く。

そもそも、習い事とは生活するうえでのたしなみとして身につける芸事を意味し、その始まりは江戸時代中期（1700年代）とされている。

以降、近世邦楽の発展・普及にともない、華道や茶道、舞踊、三味線、琴など日本伝統文化の芸事を「習い事」として学ぶ町人の子弟たちが江戸などの都市を中心に増えていった。

町中には学習所が建ち並び、教師も急ごしらえの素人が多かったが、それなりに繁盛し、子どもたちは日常生活の楽しみのひとつと考えて通った。

とくに、女子の場合は花嫁修業のためや、武家屋敷に奉公するときに必要なたしなみ、教養として学ぶという目的もあった。

習い事に励む子女の日常はかなりハードだったようで、式亭三馬の『浮世風呂』に次のような一節がある。

「朝むつくり起きると手習のお師《し》さんへ行てお座を出して来て、夫《それ》から三味線のお師さんの所へ朝稽古にまゐってね。内《うち》に帰って朝飯《まんま》をたべて踊の稽古から手習へ廻って、お八ッに下ッてから湯へ行て参ると、直《すぐ》にお琴の御師匠さんへ行て、夫から帰って三味線や踊のおさらひさ、其内《そのうち》に、ちィッとばかりあすんでね」

現代風に訳すと、次のようになる。

「朝ゆっくり起きると、まずお習字の先生のところへ行って、お習字の用意をするの。次に三味線の先生のところに行って朝稽古。そのあと家へ帰り、朝ごはんを食べてからダンスのレッスンに行ってね。それからお習字よ。お習字のあと、午後の2時半頃に家へ帰って銭湯に行くの。銭湯から帰ると、すぐにお琴の先生のところへお稽古よ。そのあと家へ帰ってからも、三味線やダンスのおさらい。こんなことのあいだに少しは遊んだりして」

習い事をいくつもかけ持ちして忙しい現代の子どもたちの姿となにやら重なるようだ。こうした芸事の要素が濃かった習い事は、多少の変化はあったものの明治、大正、昭和へと受け継がれていった。

大きくさま変わりを見せ始めたのは高度経済成長期を迎え、好景気による生活水準の向上を背景に、習い事に通う子どもの割合が右肩上がりに増えた1960年代以降だろう。そして、70年代に入ると習い事は本格化し、社会現象ともいえる活況を呈することになる。

この時期には江戸時代に盛況だった芸事はごく少数派となり、代わって習字、ピアノ、そろばんが人気を集め、この3つは〝習い事のご三家〟とまで称されるようになった。

## バブル崩壊で習い事にも変化

　１９７７年の東京都の小学３年生を対象にした調査によると、習い事の中で学習率が高かったのは習字（41・８％）、音楽（34・７％）、そろばん（25・３％）。ちなみに音楽はピアノ、エレクトーン、バイオリン教室である。

　しかし、習い事のトレンドはバブル経済が崩壊した１９９０年以降、変化を見せはじめる。１９９５年の同じ調査では習字は23・６％、音楽35・４％、そろばん13・２％だった。

　音楽の学習率はほとんど変化がなく、むしろ若干上がっているが、習字とそろばんは著しく低下している。逆に上がったのは水泳で学習率は38・４％と、１９７７年の20・０％

▼小学３年生の習い事

| 1995年 | |
|---|---|
| 習字 | 23.6% |
| 音楽 | 35.4% |
| そろばん | 13.2% |
| 水泳 | 38.4% |
| 他のスポーツ | 30.7% |
| 英会話 | 15.5% |

| 1977年 | |
|---|---|
| 習字 | 41.8% |
| 音楽 | 34.7% |
| そろばん | 25.3% |
| 水泳 | 20.0% |
| 他のスポーツ | 17.5% |
| 英会話 | 10.0% |

（複数回答）
＊「他のスポーツ」は体操、野球、剣道、柔道　（「東京都子ども基本調査報告書」より作成）

から大きく伸ばし、習い事ランキングの1位に躍り出ている。

水泳に人気が出たのは、この時期の健康ブームの高まりによる子どもの体力づくり、健康維持のためだが、習い事の中でも月謝が比較的安く、同じスポーツでもユニホームやスパイクなどそろえるものが多い野球やサッカーと違い、水着と帽子くらいで用具費用もあまりかからずに始めることができるからだろう。

そこにバブル崩壊後の経済状況が顔をのぞかせている。

英会話の増加も見逃せない。これはグローバル化の急速な広がりにともない、英語学習の人気が高まったからと推測される。

また、音楽は月謝が高いにもかかわらず、わずかだが学習率が伸びている。その理由として、子どもにスポーツも大切だが、たとえ家計に影響が出ても情操教育も必要だと考える親が減らなかったためと考えられる。

## 水泳が断然の人気

それでは、現在の子どもの習い事はどうなっているのだろうか。
リクルートの2017年の「小学生の習い事ランキングベスト10」は、次のようになっている。

1位　水泳……40・3％
2位　英語・英会話……27・7％
3位　ピアノ……20・3％
4位　書道……14・1％
5位　学習塾……13・5％
6位　体操……12・8％
7位　サッカー……8・6％
8位　そろばん……7・1％
9位　その他のスポーツ（野球、剣道、柔道）……5・1％

10位　ダンス………4・3％
10位　空手………4・3％

（複数回答　リクルート「ケイコとマナブ」より）

調査対象と回答の選択肢などが異なるため、1995年の調査と一概には比較できないが、こうしてみると現在も水泳が断然な人気になっていることがわかる。五輪金メダリストの北島康介をはじめとする日本水泳アスリートの活躍があと押ししていると推測される。

また、英語・英会話の語学学習の躍進やサッカーやダンスなどの新顔が登場し、さらに英会話とダンスを組み合わせたものや、親子で一緒に学べる教室など、習い事が多様化していることも注目される。

リクルートの調査には表れていないが、これから期待される習い事のひとつとしてプログラミングがあるという。

プログラミングとは、簡単にいうとコンピュータ言語を使ってゲームなどのプログラムを開発・作成することだ。

プログラミングはＩＴ化が進むなかで欠かせないスキルになりつつあり、学校指導要領の改訂の一部として２０２０年４月から、小学校でプログラミング教育が英語とともに教科化されることも追い風になっている。

このように時代の移り変わりとともに、子どもが学ぶ習い事も変化していく。

子どもにとって必要なもの、その時代に合ったものが少しずつバリエーションを増やしながら受け継がれていく。その一方で、人気を失ったものは淘汰されていき、同時に新しい習い事も生まれていくのだろう。

# なぜ習い事をするのか

## 習い事をさせないと不安な親

子どもに習い事をさせるきっかけとして親からよく聞かれるのが、幼稚園や保育園、あるいは小学校の友だちが習い事を始めているのを知って、「みんな習い事しているから、うちの子もやらせなければ」「習い事のひとつやふたつしていないと、まわりから置いてきぼりにされてしまう」という言葉である。

自分の子どもと同じ年頃の子が上手にピアノを弾けたり、格好よく泳げたりするのを見て、「何かやらないと将来に差が出てしまう」と不安な気持ちになるのだろう。

さらに「もうまわりのお友だちはみんな始めていますよ」などという勧誘DMが習い事の教室から来たりすると、「このままではこの子の可能性の芽を摘んでしまうのでは」と不安感に追い打ちをかける。

こうした親の「右へならえ」的な社会風潮が親を習い事にかきたてているのだが、ではどんな理由で親は子どもに習い事をさせているのか。また実際、習い事をすることでどんなメリットがあると思っているのだろうか。

習い事をさせているいちばんの理由として親があげているのは「体力づくりや運動能力の向上」で、そのためスポーツ系の習い事を選ぶ親が多い。近年、子供たちが自由に外遊びできる環境が減ってきていて運動不足になっているからだという。

そのほか「子どもの才能を伸ばしたい」「将来、役に立つと思うから」など、子どもへの期待から習い事をさせる傾向がみられる。

習い事をするメリットについては、一般に次のような評価が定まっているようである。とくに親に人気のあるスポーツ系の習い事からみてみよう。

## ─コミュニケーション能力が高まる─

野球やサッカーなどのチームプレイのスポーツは、仲間とコミュニケーションを取らなければ成り立たない。そのため、練習や試合を通してコミュニケーション能力が向上することが最大のメリットといえよう。

また、勝利という同じ目標に向かって仲間と頑張ることで協調性、積極性が学べ、チームワーク力や相手を思いやる気持ちが育つ。

## —礼儀作法が養われる—

柔道や剣道、空手などの武道は、野球やサッカーなどに比べて高い精神性が求められるスポーツとして知られる。「礼に始まり礼に終わる」といわれるように戦う技術を身につけるうえで礼節、マナーを重んじる。

そうしたことから体力・技術の向上だけでなく、精神力や忍耐力が鍛えられ、さらに礼儀作法、規律といった将来、社会で必須とされる常識を養うことができる。

## —バランス感覚が身につく—

女子に人気の高い体操、ダンスは全身の筋肉を使うので体幹が鍛えられ、女の子らしいしなやかな体づくりができる。また、バランス感覚が身につくとともに自己表現力も養われる。

―責任感が培われる―

どんな習い事でも学習し、それなりの技能水準に達するまでには長期間、努力を重ねることが不可欠である。ときには退屈になったり、わずらわしくなったりすることもある。しかし、目標を見据え、粘り強く続けることで、一度始めたことを最後までやり通す責任感が培われる。

## 習い事のもつ力

核家族化、少子化が進む現代において、子どもたちは学校の友だち以外の人間と接する機会がほとんどない。

かつて地域には、近所にいわゆるガキ大将と呼ばれたリーダーシップのある年長の子どもがいて、彼を中心にしてさまざまな遊びや運動を体験しながら成長していった。だが、そうした交わりはいまでは、まず見られない。

そんななかで、習い事はいろいろな子どもたちと触れ合えるチャンスでもある。

他学年の子どもと一緒にプレイする野球やサッカーなどのスポーツは、上級生から学ぶことを覚え、下級生からは教えることを覚える。

これは兄弟、姉妹の少ない子どもたちにとって、社会性や考える力を学ぶことができる貴重な体験になる。

習い事をするなかで子どもは競争したり、刺激し合ったりすることでやる気や自信が生まれ、力を伸ばしていく。そして、そこに子どもを成長させ、豊かな人間関係が育まれる。それが習い事のもつ大きな力といえるかもしれない。

# 習い事で非認知能力を伸ばす

## 数値では表せない〝心の力〟

米コロンビア大学の研究者グループが、2008年に発表した調査結果がある。グループは10代の男女1万1000人を26歳まで長期追跡調査を行った。すると、習い事や地域ボランティアなどの課外活動を2年以上続けた人は、1年しか続けなかった人に比べ、20歳になったときに学歴が高く、収入も多かったという。

また、習い事を2年以上続けた人の中でも、週あたりの学習時間が長いほうが、より高学歴で高収入だった。

習い事と学歴・収入を結びつけているのは、近年、教育の分野で高い関心が集まっている「非認知能力」と呼ばれるスキルである。

ＩＱ（知能指数）や学力で計測できる能力は「認知能力」と呼ばれ、「頭が良い」とか「勉強ができる」と表現されるのは、通常この能力をいう。

それに対して非認知能力とは、勤勉性、協調性、忍耐力、意欲といったたぐいの数値化できない〝心の力〟を指す。

非認知能力は、勉強や試験などの試練、集団での行動、失敗や挫折といった困難など、何かの対象や状況があって鍛えられるとされ、子どもがより豊かな人生を歩むうえで、これまで重視されてきたＩＱや学力などの認知能力よりも大きな影響力をもつことが明らかになりつつある。

つまり、社会的・経済的成功を支えている源泉であると注目されてきているのだ。

勉強して偏差値の高い難関校に行くことが、人生の成功につながる——。

そう信じて、これまでＩＱや学力テストで測れる認知能力が重視される傾向にあった。

しかし一方で、学校を卒業して社会に出ると、勉強ができるだけでは通用しないことも知るようになる。

つらいことがあるとすぐに逃げ出したくなったり、まわりとうまく折り合いをつけられなかったりして、忍耐力や協調性といったことが社会的成功と深く関係していることに気づくのである。

米ペンシルバニア大学の心理学者アンジェラ・ダックワース教授が、社会的成功をおさめた人の要因を分析調査した。その結果、成功の基盤にあるのはＩＱや学力、外見や健康でもなく、「やり通す力」であることがわかったという。

ダックワース教授は、習い事などなんらかの活動を長期間かけてやり通すことで忍耐力が養われ、その過程で、さらにやり通す力も育つと指摘している。また、やり通す力を育てるのには、スポーツや音楽など順序だてて練習を積み重ねる習い事が効果的だと説いている。

## 認知能力と非認知能力が互いに作用

非認知能力が社会的成功と深いつながりがあるという調査結果は、日本の研究機関でも示されている。

東京大学社会科学研究所が２０１６年４月に発表した調査結果によると、勤勉性、まじめさ、忍耐力の3つの非認知能力の高さは、収入の多さと相互関係があったという。

男性の場合、「まじめさ」において、もっとも高いグループともっとも低いグループを比較すると、平均年収で実に198万円もの差があった。「勤勉性」では136万円、「忍耐力」では189万円である。

この調査におけるまじめさとは、中学生の頃の学校生活として「学校で自分の好きではない勉強にも全力で取り組んだ」という内容で、勤勉性は「少し体調が悪かったり、休んでよい理由があっても、できるだけ毎日学校に通うよう努力した」、忍耐力は「なかなか結果が出なくても、あきらめずにしっかり勉強を続けた」である。

「非認知能力と年収の関係」は、これら3つの項目に対する回答をもとに表されている。

女性の場合は、男性ほど顕著な比較差が見られない。

その理由について研究所は、「女性で働く人の半分弱はパート、アルバイト、派遣などの非正規雇用に従事しており、非認知能力による違いが直接所得に反映されない雇用形態にあることによる」と報告している。

## ▼非認知能力と年収の関係

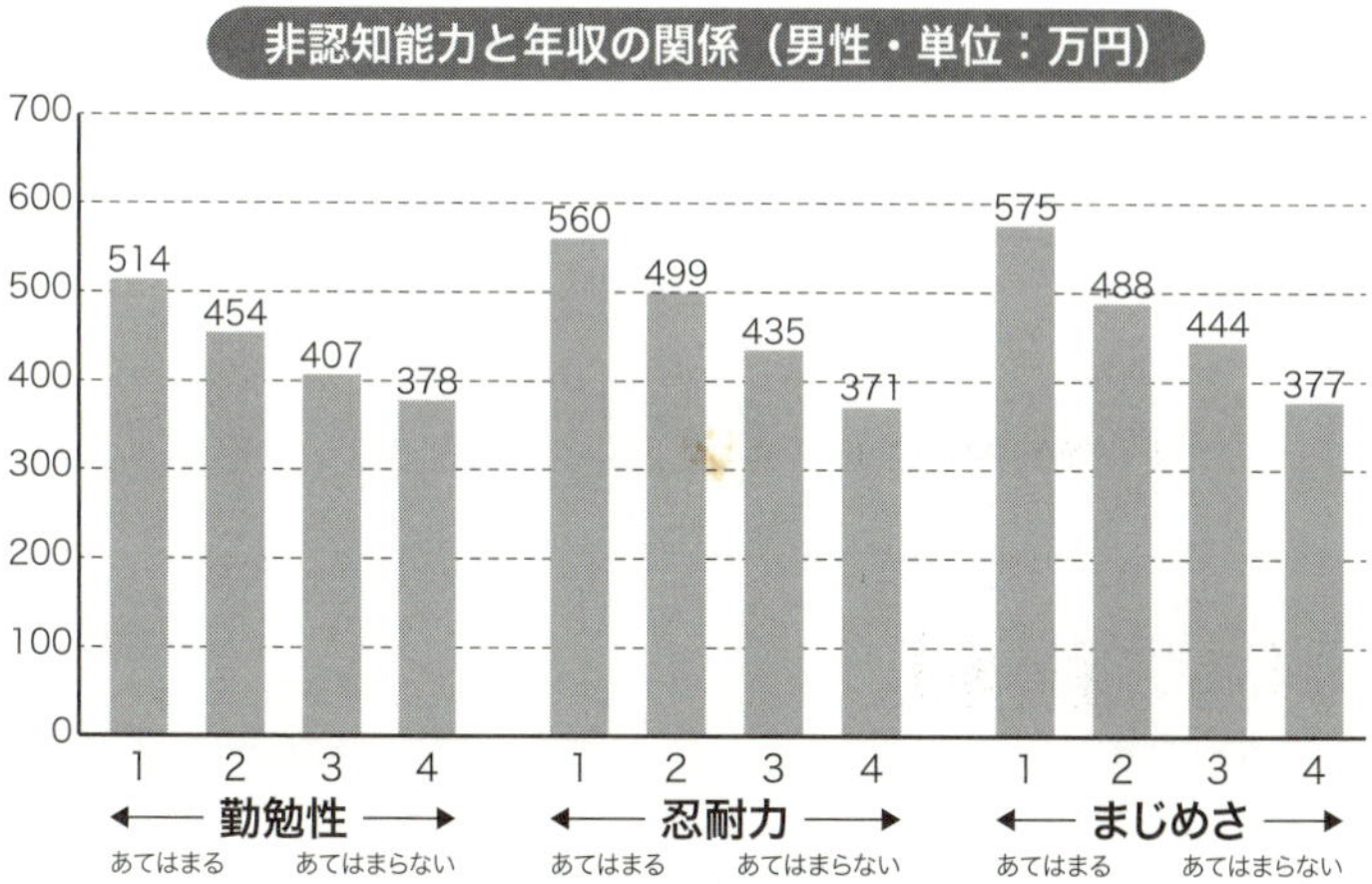


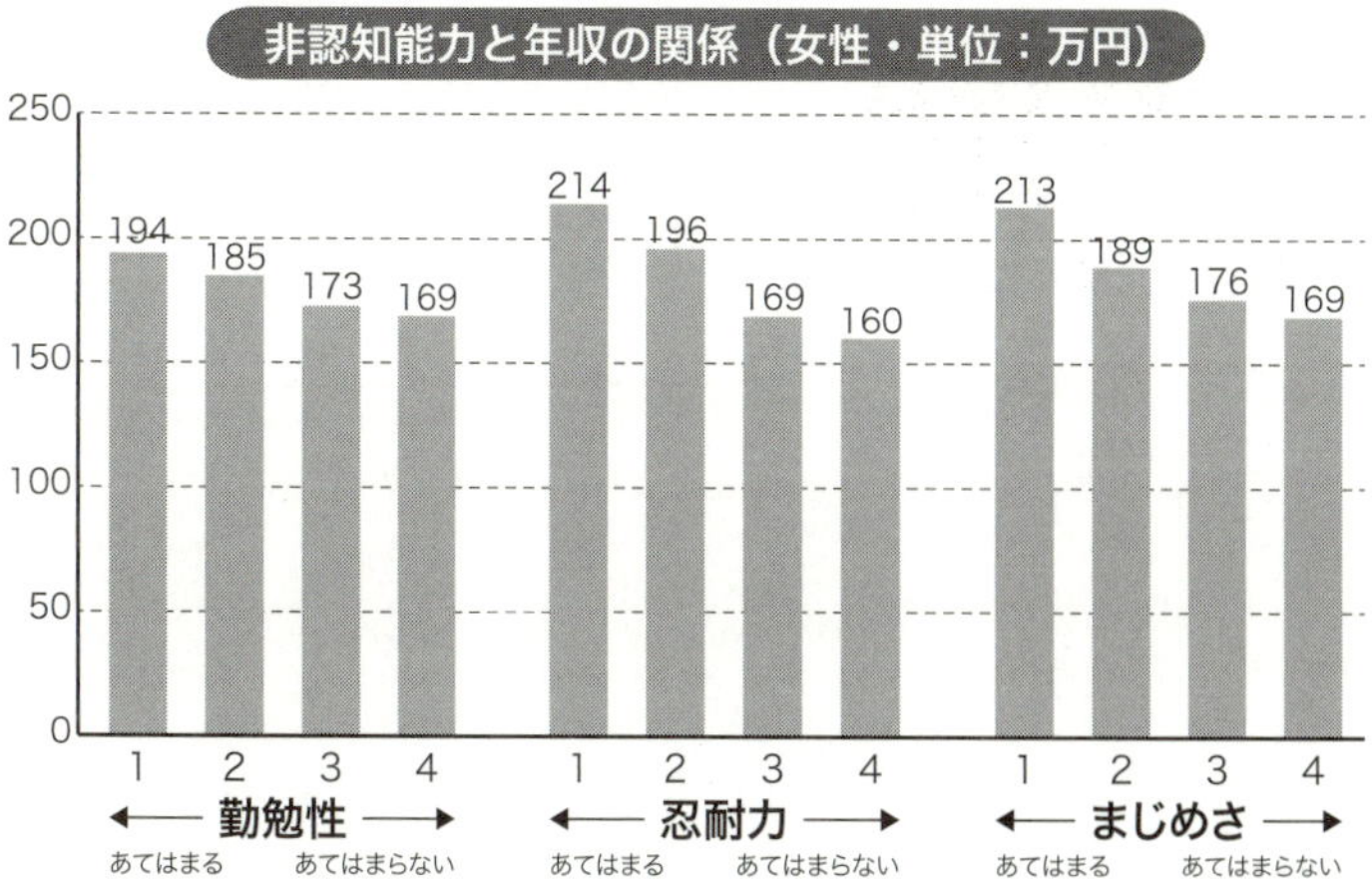


調査対象は 2007 年現在、20〜40 歳だった男女 3552 人。15 年 3 月までの回答結果。
中学生時代におけるまじめさ、勤勉性、忍耐力の程度を４段階で回答表示。
年収は同じ回答者の平均額。
東京大学社会科学研究所「働き方とライフスタイルの変化に関する全国調査2015」より作成

▼認知能力＋非認知能力＝人間力（生きる力）

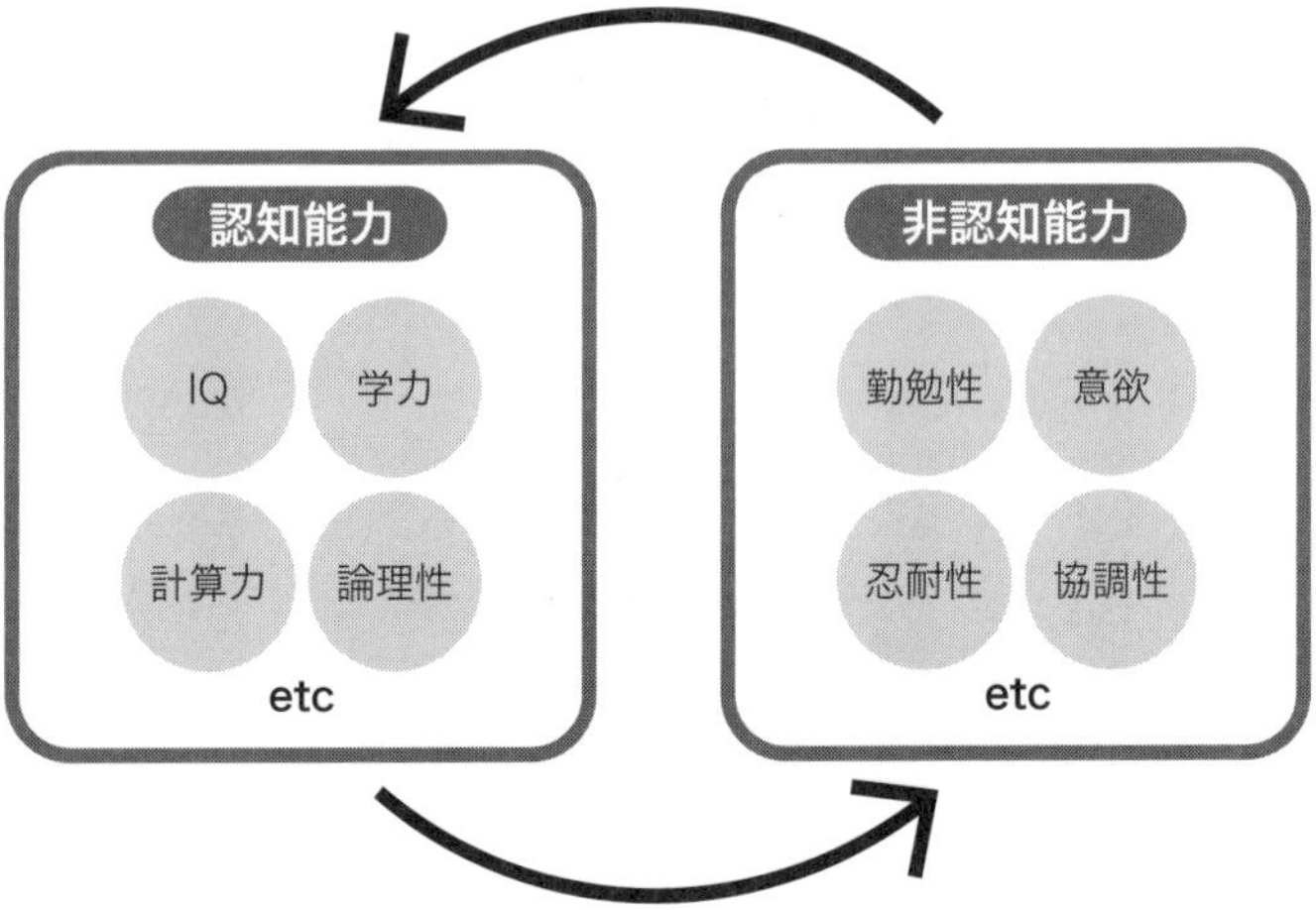


この調査結果から、まじめさ、忍耐力などの非認知能力が養われたことで、認知能力の学力も合わせて伸びた結果、学校で優秀な成績を残し、それがよい雇用条件を生んで、高収入につながったのではないかと推察される。

つまり、非認知能力と認知能力は相反するスキルではなく、お互いが良好に作用し合って向上していく性質のものなのだろう。

## 幼児期に育まれる「学ぶ意欲」

非認知能力が社会的成功に役立つのであれば、この能力をいつ頃、どう鍛えるとよいのだろうか。

2000年にノーベル経済学賞を受賞しているシカゴ大学のジェームズ・ヘックマン教授が研究した「ペリー就学前プロジェクト」と呼ばれる社会実験によると、非認知能力の鍛錬は幼少期に始めると効果的のようだ。

このプロジェクトは、貧困層のアフリカ系アメリカ人の3〜4歳の子ども123人を2つのグループに分け、1つのグループに週3回、2時間のプレスクールに2年間通わせた。プレスクールとは歌やダンス、絵本読みなど知育活動をする日本の保育園のような施設である。

プレスクールに通ったグループと通わなかったグループで、その後の人生にどんな変化が起こったかを追跡調査したところ、40歳の時点で両者に明らかな違いが現れた。

プレスクールに通ったグループは、通わなかったグループに比べて収入が多く、持ち家率や学歴が高く、また生活保護の受給率が低いなどの差が見られたのである。

▼ペリー就学前プロジェクトの効果（40歳時点）

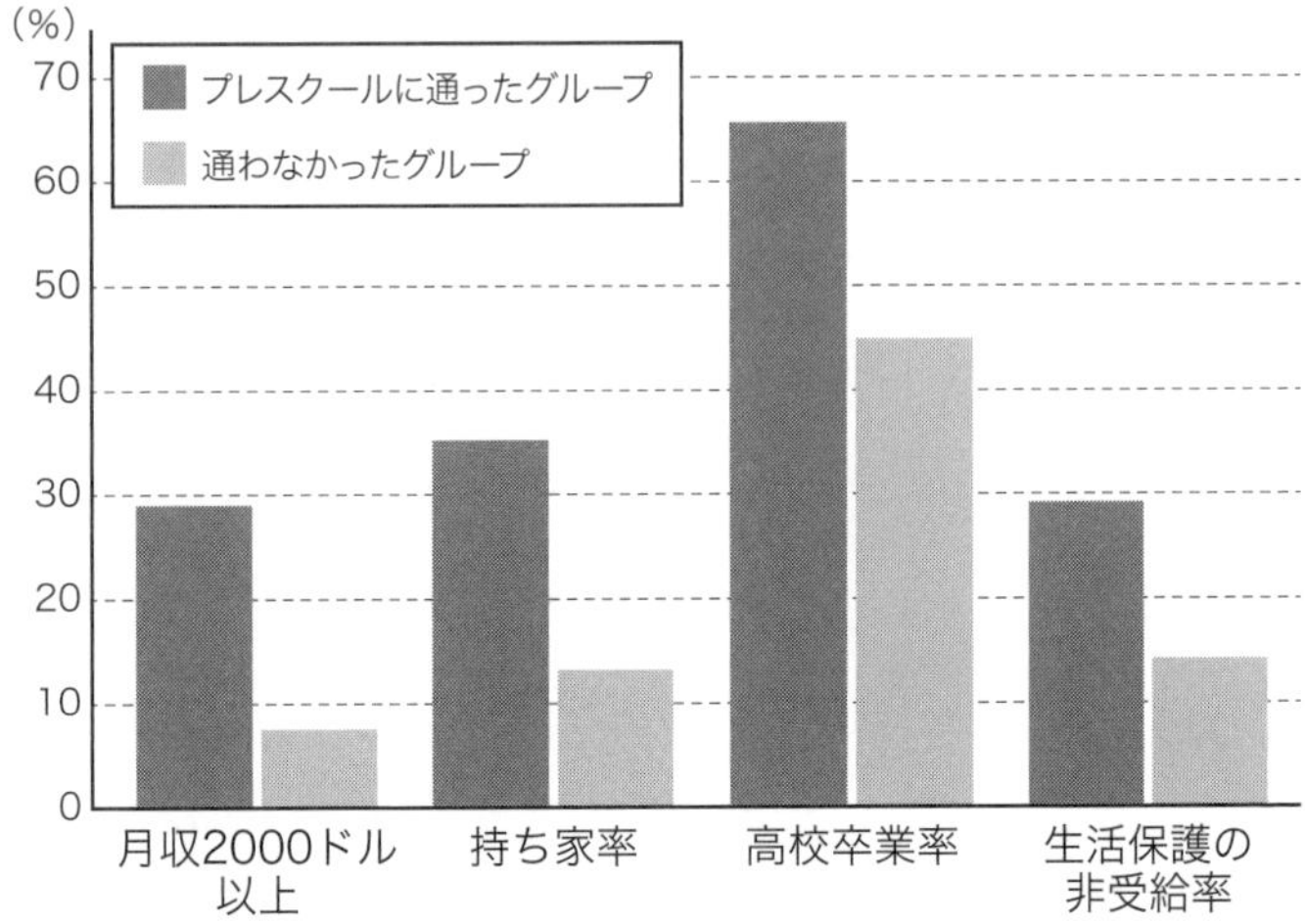


▼就学前プロジェクト　IQの比較

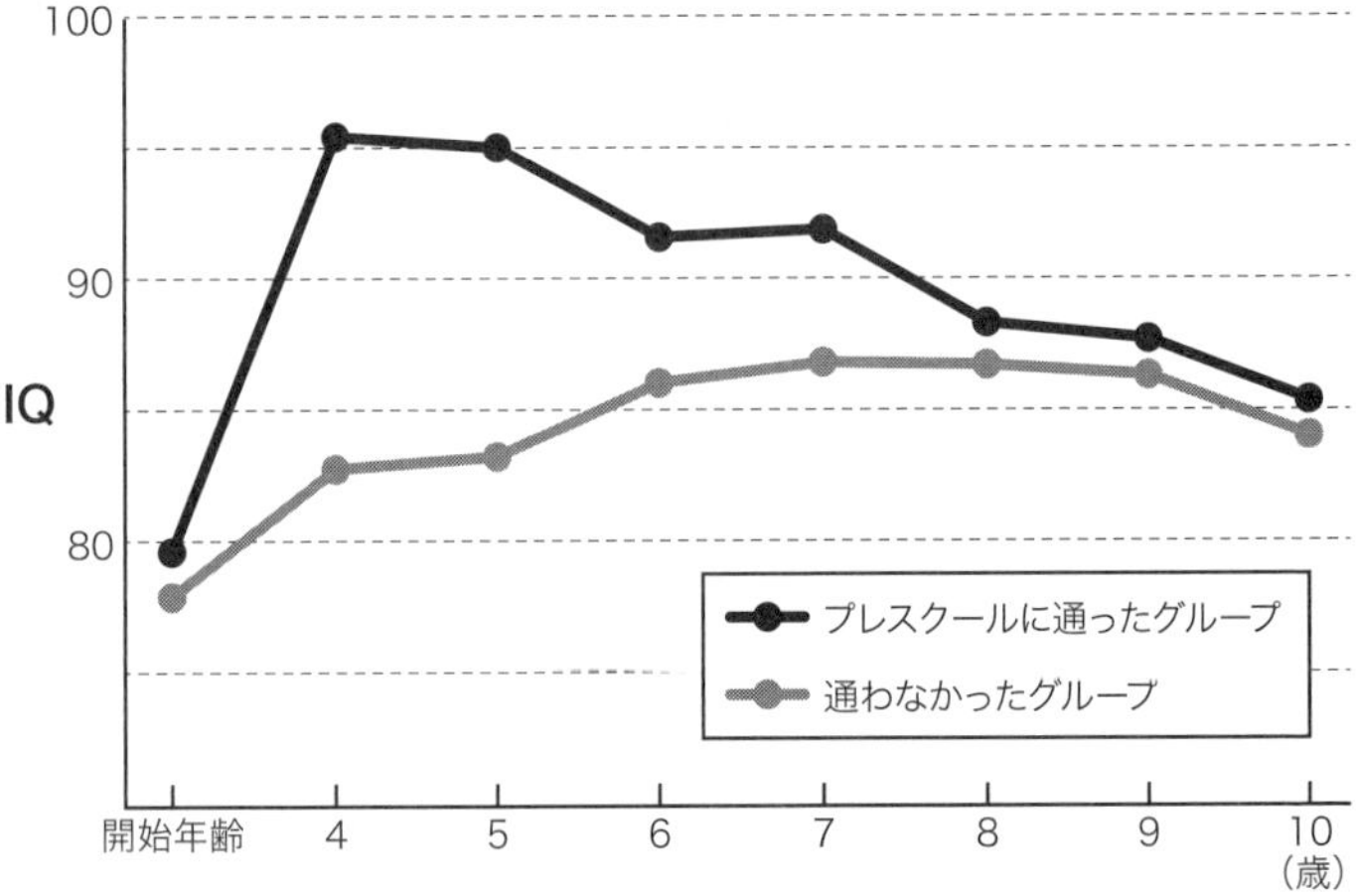

この実験は、将来のＩＱへの影響度を図ることを目的に行われたものだが、子どもたちのＩＱを調べると、プレスクールに通っていたグループは通っているあいだに急激に伸びているが、それも9歳頃になると頭打ちになり、通わなくなったグループとの差はほとんどなくなった。

ヘックマン教授はプレスクールに通った子どもが通わなかった子どもに比べ、大人（40歳）になって、より豊かな人生を送っているのは、プレスクールで育まれた「学ぶ意欲」という非認知能力が影響していると分析している。

ＩＱの伸びは9歳までの短期に終わったが、学習意欲は消失することなく、数十年という長きにわたって維持されていたのである。

非認知能力は幼少期に鍛えるのが効果的なわけだが、小学生低学年あたりで停滞してしまうＩＱに比べて、それ以降も伸ばすことができるという考えが今日の常識になっている。

水泳やピアノといった習い事の種類によって、勤勉性や忍耐性などが養われる非認知能力は異なるだろうが、どんな習い事であっても根気よく続ければ、そのスキルは高まり、社会的・経済的成功につながるチャンスが広がるということだろう。

# 東大生はどんな習い事をしていたか

## 東大生の2人に1人がピアノを習っていた

興味深いデータとして、東大家庭教師友の会の調査結果がある。

東大家庭教師友の会（以下、友の会）は約7000人の現役東大生を取りまとめ、学校や学習塾の講師紹介を行う事業を展開している。

この友の会が、202人の東大生に「子どもの頃にどんな習い事をしていたか」というアンケート調査をしたところ、2人に1人がピアノを習った経験をもっていた。バイオリンやエレクトーンなど、その他の楽器演奏を含めると3人に2人にものぼるという。

楽器の習い事は、一般に男子より女子のほうが多いといわれるなかで、男子学生が約8割を占める東大で、ピアノを含めたなんらかの楽器を習っていた割合が6割を超えるというのは、特筆すべきことではないか。

▼子どもの頃に通っていた習い事

| 一般（〜20歳男女） | | | 東大生 | | |
|---|---|---|---|---|---|
| 1位 | 水泳 | 42.9% | 1位 | 水泳 | 65.8% |
| 2位 | 書道 | 32.3% | 2位 | ピアノ | 56.4% |
| 3位 | 学習塾 | 30.5% | 3位 | 英会話 | 32.2% |
| 4位 | 音楽教室 | 26.1% | 4位 | 習字 | 25.7% |
| 5位 | 英会話 | 15.3% | 5位 | サッカー | 19.3% |
| 6位 | 野球 | 10.9% | 6位 | エレクトーン | 10.9% |
| 7位 | サッカー | 10.8% | 7位 | 野球・テニス | 9.4% |
| 8位 | 武道 | 8.3% | 8位 | 絵画教室 | 8.4% |
| 9位 | バレエ・ダンス | 3.2% | 9位 | バレエ | 7.9% |
| 10位 | 絵画教室 | 2.4% | 10位 | そろばん | 7.4% |

＊「学習塾」は習い事と区別して調査から除外
（東大家庭教師友の会調べ．複数回答 2014 年 8 月）

（ニッセイ調べ．複数回答 2014 年 4 月）

同時期に、20代以下の一般人1155人を対象にしたニッセイ（日本生命保険相互会社）の調査がある。

この調査では、「音楽教室」経験者は26・1％になっている。

ニッセイの場合、「ピアノ」という選択肢はなく、バイオリンやエレクトーンなどの楽器を含む「音楽教室」となっており、ピアノだけの割合となると26・1％より、さらに低い数字になると思われる。

いずれにしろ、ニッセイの調査結果からも東大生のピアノ経験率がいかに高いかがわかる。

## 男子学生でも高いピアノ経験率

東大生のピアノ経験率の高さには驚くが、もっとも「この結果は当然ではないか」という反論もある。「ピアノが習えるというのは、裕福な家庭だからではないか」という意見だ。裕福な家庭ならば、子どもの習い事にお金をかけることができる。したがって、練習のできるピアノが家にあって、月謝が高いレッスンも受けられるという考え方である。だが、ピアノが習えるのは家庭が裕福だからという指摘は、今日では妥当ではなくなっている。

かつては子どもにピアノを習わせようとするなら、クリアすべきいくつかの条件があった。高価な（アップライト）ピアノを買わなければならない。ピアノを置くことのできる広い家でなければならない。部屋の防音設備など周囲に迷惑をかけずに練習できる環境を整えなければならない、といったことである。

これらの条件をすべてクリアするとなったら、ある程度高収入の家庭に限定されてしまう。しかし、最近ではコンパクトで安価な性能も優れている電子ピアノが普及したことで、こうしたことは必ずしも必要ではなくなっている。

月謝も、水泳や英会話などと同じくらいの金額（2019年現在、平均で月7000円前後）であり、いまやピアノは誰もが通いやすい一般的な習い事になっているのである。


ここで、もうひとつ疑問が残る。

前述の「東大生の2人に1人（50％）がピアノ経験者」という友の会のデータである。事実、そうなのか。友の会のデータでは202人の東大生を調査対象としているが、男子学生と女子学生の数の内訳が明らかにされていない。

東大は男子学生が全体の約8割を占めるとはいえ、もし調査において女子学生の数が男子学生より多かったとしたら、楽器の習い事では男子よりも女子のほうがはるかに多いという実態から、「東大生はピアノ経験率が高い」というデータは特段注目すべきことではないからだ。

そこで友の会のデータを検証したいと思い、東大生の男子学生に限定して聞き取り調査をした。調査対象は東大駒場キャンパスに通う教養学部の学生45人である。

その結果、幼稚（保育）園から高校までの間にピアノを習っていたのは21人。46％がピアノ経験者で、友の会の調査（50％）とほぼ一致した。

**―東大男子学生の習い事ベスト5―**

1位　水泳　32人
2位　英会話　28人
3位　ピアノ　21人
4位　書道　19人
5位　サッカー・野球　12人

（複数回答　東大駒場キャンパス2018年10月調査）

筆者の調査でも示されたように、やはり東大生のピアノ経験率が顕著に高いのである。
次項は、45人の学生の中から5人のピアノレッスン経験者の体験談をまとめたものである。

# 私とピアノレッスン――現役東大生の声

## いちばん長く続けることができたピアノ（1年　S・T君）

僕は一人っ子だったせいか、お金をかけることができたんでしょう、小さい頃からいろんな習い事を経験しました。

幼稚園でリトミック、小学校からは水泳、書道、英会話、そろばん、ピアノと習い事といわれるものは、だいたいひととおりやったんじゃないかかな。

そのなかでいちばん長く習ったのはピアノです。小学校1年から高校2年まで11年間、習いました。本当は高校を卒業するまで続けたかったんですが、大学受験で忙しくなってしまって。

長く続けられたのはピアノを弾くのが好きだったからですが、なによりも先生のおかげだと思っています。習い始めた頃、40歳くらいだったのかなぁ、明るい元気な人で、いつもニコニコしていて。それに教え方がていねいでやさしいんです。

近所に大手のスクールなどピアノ教室がいくつかあったんですが、先生の教室はたいへん人気で、その評判を聞いて母が僕を通わせたんです。

学校帰りにレッスンに行くのが楽しかったです。練習曲からレベルが上がる課題曲に移った中学生の頃、壁にぶつかってつらいときもありましたが、やめたいと思ったことは一度もなかったですね。課題曲がうまく弾けるようになると、レッスンに行くのが待ち遠しくて楽しみになりました。

楽しみといえば年に1回の発表会もそうでしたが、いちばんはクリスマスパーティーでした。当日、先生の家に生徒が集まり、ツリーなどが飾られたレッスン室でそれぞれ得意の曲を披露するんです。小さな発表会みたいなもので、ほかの生徒に負けじとみんな懸命に弾きましたね。

生徒全員のピアノ演奏が終わると、最後に先生の歌が始まるんです。先生は音大の声楽科出身で、一時はソプラノ歌手としてどこかの歌劇団に所属していたそうで、その歌声は美しいものでした。マリア・カラスという有名な人の曲だったそうです。

先生の歌を聴きながら、僕らは先生が用意してくれたケーキやクッキーを食べ、ジュースなど飲みながら、楽しいひとときを毎年過ごしたんです。

先生はスピード感のある曲が好きで、課題曲としてモーツァルトの「トルコ行進曲」やショパンの「子犬のワルツ」などに力を入れて習わせていました。その影響で、僕もモーツァルトが得意になりましたね。

いま、児童館でエレクトーン伴奏のバイトをしているんですが、ピアノが弾けることがこんなに楽しいなんて、愛情をもって長く教えてくれた先生にたいへん感謝しています。

## レッスンで身についた音楽センス(1年　T・K君)

最初の習い事は剣道でした。幼稚園に通っていた5歳のとき、園の仲良しの子が剣道を習っていたことから、彼の母親が「Tちゃんも剣道をさせてみない?」と母を誘ったのがきっかけだったように思います。

剣道はハードなスポーツで、指導してくれる先生も厳しく、週2回の稽古は幼稚園の子どもにはかなりつらかったです。3か月ほど道場に通いましたが、とうとう我慢できなくて、母に「やめたい」と言いました。いやいや稽古をしても無駄だと母は思ったのでしょう。すんなりとやめさせてくれました。

母は何かスポーツ系の習い事をさせたかったようですが、剣道で挫折した僕を見てスポーツは向かないと思ったんでしょうね。そこで、次に母にすすめられたのがピアノ教室でした。このピアノも、ママ友の誰かから教わったようです。

近所に音大に通っているお姉さんがいて、そのお姉さん先生が自宅で開いている教室でした。

最初はあまり気が向かなくて、またすぐに嫌になってしまうのではないかと不安でしたが、先生がよかったんです。とてもやさしい人で、レッスンは厳しいときもありましたが、ほめるのが上手で楽しく習うことができました。

中学受験でやめなければならなくなったときまで、7年間教室に通いました。やめるとき、先生はちょっと寂しそうな顔をしましたが、「長い間がんばったわね。受験もがんばってね」と励ましてくれました。

先生とは中学に行ってからもメールしたり、ときどき教室へ遊びに行ったりして、僕には女の兄弟がいないので姉のような存在です。

7年間習っただけのことがあったと思います。レッスンで身についた音楽センスでしょうか、中学、高校とも音楽の成績はよかったですから。

いまでも気が向くとピアノで遊んでます。「となりのトトロ」とか「崖の上のポニョ」とかのジブリものや、ディズニーの曲を弾いたりしています。

## 誰もが経験するつらいレッスン（2年　K・A君）

ピアノは小学校時代に3年間習っていました。始めたきっかけは、近所の同年代の子どもがみんな、なにかしらの習い事をやっていたから母も習わせたかったのでしょう。ちょうど家に母の嫁入り道具にピアノがあって、毎日家で練習できるという単純な理由からだったと思います。それと、同い年の友だちの母親が自宅でピアノ教室を開いていたということもあったと思います。

教室に通う前に、中学生の女の子が練習しているのを母と見学に行きました。何の曲を弾いていたのか覚えていませんが、すごく上手で格好よかったんです。「僕もこうなれるんだ！」と心がわくわくしました。

レッスンは週1回、30分だったと記憶していますが、それが大変だったんです。最初はバイエルやブルグミュラーといった音楽教本のレッスンから入るんです。ピアノを習った人なら誰もが経験することだと思いますが、これが、とにかくつらくてしんどい。

ひたすら同じ音階を強弱つけて弾き続ける練習なので、この段階で嫌になってやめていく人が多いんです。

僕も嫌気がさして、レッスン当日の家を出る直前に少しだけおさらいをしていくという、習わせがいのないダメな生徒になってしまっていて。それでも、なぜかやめる気はおきませんでしたね。怠け者なりに意地のようなものがあったのかもしれません。

いやいやながらもレッスンを続けていても、けっこう上達するもんなんですね。そのうち、モーツァルトのソナタやバッハのメヌエットくらいは簡単に弾けるようになったんです。でも、3年間を通して熱心な子どもではなかったですね。そんな僕に長いあいだ高い月謝を払って通わせてくれた親に申し訳なく思っています。

レッスンをやめなかったのは、教室で仲のよい友だちができたということもありますが、1年に1回開かれる発表会が楽しみだったからです。

4年生のときに初めて発表会に参加したのですが、そのとき母が演奏用にブレザーを買ってくれて。このときばかりは、僕も一生懸命練習しました。何の曲を弾いたか忘れてしまいましたが、自分でもびっくりするくらい上手に弾けたんです。

母はもう大喜びで、少しばかり親孝行したかなと、そのとき思いました。

## 父の言葉に乗せられて猛練習（2年　A・K君）

ピアノは小学校3年のときから習い始めました。習い事はふつう母親が熱心になるようですが、僕の家では父親でした。

父は大学時代に学生バンドでキーボードを演奏していて、楽しい思い出があったらしく、「音楽はいいぞ」と僕にピアノをすすめたんです。僕もなんとなく楽しそうだったので、素直に父の言葉にしたがい、ピアノの習い事が始まりました。

最初は楽しいです。知っているメロディーの簡単な曲なので、ちょっと練習するとすぐに弾けちゃうんです。ところが、だんだん曲が難しくなってきて、少しばかり練習しても思ったとおりに弾けなくなる。

先生がまた厳格な人で、練習不足だとレッスンの途中で家に帰され、家で練習したあと、もう一度先生宅でレッスンを受けるというような日もありました。

ちっとも楽しくならず、ピアノを見るのも嫌になって、ちょうど1年がたった頃、父にやめたいと頼んだんです。すると、父から「中途半端にやめるな。もう少し頑張ってみろ」と反対され、結局、小学校を卒業するまで続けました。

それまで続けられたのは父の〝協力〟があったからです。練習がしっかりできた日はカレンダーに手作りのシールを貼り、20枚たまると、ほうびとして好きなゲームソフトを買ってくれるんです。馬に人参みたいに父にうまく乗せられたわけですが、僕もうれしくなって一生懸命練習しましたね。

それに、練習で疲れている様子が見えると「今日はお休み」と言って、ピアノコンサートやアニメ映画に連れて行ってくれたんです。

「練習は嘘をつかない」という言葉がありますが、そのとおりですね。どんどん上達していき、ピアノを弾くのが楽しくなりました。コンクールに出るほどには上達しませんでしたが、人前で弾いても恥ずかしくない腕になったと思います。

どんな楽器もそうだと思いますが、練習しなければ決して上達しません。練習すれば必ず上達します。そして、どんな形であれ、上達するには親の協力が欠かせないと思います。それに「がまん」と「やる気」ですね。

## 勉強につながった毎日のレッスン(3年　Y・O君)

鍵盤と譜面とは5年間のつき合いでした。小学5年から中学3年まで習いました。小学校の親しいクラスメイトにピアノを習っている子がいて、僕もやってみたいという単純な動機で始めました。

初めの頃はレッスンが憂鬱でした。むずかしいんです。両手分の楽譜を見ながら、別々の音を出すんですから。思ったとおりに弾けない悔しさで、泣き出したい気持ちにもなるんです。それでもその曲をマスターすると、頑張れば必ず弾けるようになるという自信につながりましたね。

5年間やってきた経験から思うことは、ピアノは勉強に似ているということです。毎日ピアノに向かって練習するわけですが、それがそのまま机に向かって勉強する習慣につながったように思います。

ピアノを毎日地道に練習することで、少しずつむずかしい曲も弾けるようになっていきます。弾けるようになると楽しいし、うれしい。もっと弾けるようになりたいと思うようになる。

勉強もコツコツ続ければ必ず結果がついてくるし、成績が上がれば楽しくなる。もっと勉強がしたくなる。そうした意識がピアノから生まれるんです。

ピアノは毎日の練習が絶対です。練習が嫌だからといって逃げていては、ちっとも上手になりません。どんどん下手になっていきます。勉強も同じで、怠っていては成績は上がりません。どんどん下がっていきます。

毎日コツコツ練習することで上達していくという経験を積んでいくと、勉強の面でも毎日頑張るのが当然のことと思うようになるんです。その習慣みたいな意識が、そのまま勉強に対して前向きに取り組む姿勢につながるんだと思います。

## 東大合格につながる最強の習い事!?

彼らの話からは、ピアノを習ったことで、どんなに苦しいことも我慢して耐えることの大事さを学んだこと。また、レッスンから得たことが、勉強の自信につながったことなどがうかがえる。

東京大学新聞社が2014年11月に行った調査がある。現役東大生・東大院生360人を対象に「小学校時代の習い事が東大合格に役立ったかどうか」という調査だ。

この調査で、習い事の種類ごとに「とても役に立った」が4点、「ある程度役に立った」が3点、「少し役に立った」が2点、「役に立たなかった」が1点を加算していき、平均点を算出した。

その結果、ピアノは2・5点。進学塾や英会話などの学習系を除いた習い事の中では習字の3・0点に次いで2番目に高い貢献度だった。

つまり、小学校時代にピアノを習っていた東大生の多くは、ピアノレッスンの経験が東大合格に役立ったと考えているようである。


東大家庭教師友の会の調査でも同様の結果を得ている。

現役東大生に「子どもの頃にどんな習い事をしていたか」のアンケート調査をしたとき、同時に「もし習い事をしていなかったら」という質問も行った。すると、約3割の学生が「ここまで頭がよくなっていなかったと思う」という回答だった。そして、回答をした学生の中で、その習い事が「ピアノ」だったとする数が約8割を占めていた。

また、その8割の学生から、ピアノのレッスンが脳にあたえる影響について、次のように指摘する声が聞かれたという。

・指の運動で脳が活性化されたかもしれない。

・左右の手の指それぞれが違う動きをするのが、脳トレーニングになっていた気がする。
・左右の手を別々に動かして、調和したひとつの曲を演奏するのは、脳が鍛えられている感覚があった。
・即興で演奏したり、耳で聴いた音楽を試しに弾いてみたりすることで、脳が刺激されたように思う。

「頭がよい」「学力が高い」といわれる東大生のこうしたデータからすると、ピアノを弾くと頭がよくなるのではないかという期待が高まる。

実は、ピアノは「頭がよくなる習い事」として、これまでテレビや雑誌で何度か取り上げられており、科学的にもピアノの効果が実証されてきているのである。

次章では、ピアノ演奏の「頭がよくなる」効果について、おもに脳科学の観点から述べたい。

# 第2章

# ピアノを弾くとなぜ頭がよくなるのか

# 「頭がいい」は脳の働きで決まる

## 脳のしくみと働きを知る

いわゆる「頭がいい」とは、どういうことをいうのだろうか。これは脳の働きと密接に関係があるのだが、まず脳のしくみと働きについて簡単に説明したい。

ヒトの脳は「大脳」「小脳」「脳幹」の3つに大きく分けることができる。小脳はおもに身体の動きをコントロールし、脳幹は生命の維持に関係し、そして大脳は知的な活動をつかさどる。ふつう脳というと、一般に脳の大部分を占める大脳をさす。

大脳は、おもに次の4つの〝部屋〟からなる。

**［頭頂葉］**

「頭頂」という文字があるとおり、脳のいちばん上に位置する。頭頂葉の最前部には、皮膚などの触覚からの情報が入っていく「感覚野《や》」というエリアがある。たとえば、手で物をさわったり体にふれたりしたとき、その硬さ、軟らかさ、温かさ、冷たさなどを認識する。

また、頭頂葉の後部の少し上のほうには、物の立体的な位置や動きをとらえる「頭頂連合野」というエリアがある。さらに、その下には「角回《かくかい》」という部分があり、文字や言葉を理解する働きをもつ。

**［側頭葉］**

両耳の奥に位置し、側頭葉の真ん中には耳からの情報が入る「聴覚野」というエリアがある。さまざまな音の変化をとらえ、高低、リズム、抑揚などから音を言葉として理解する。

側頭葉の後部のほうに「ウェルニッケ野」と呼ばれるエリアがある。知覚性言語中枢ともいわれ、他人の言語を理解する働きをもつ。

この領域を損傷すると、言葉を発することはできるが、言い間違いが多く、他人の言葉を理解できなくなる感覚性失語症におちいることを発見したドイツの精神科医カール・ウェルニッケの名にちなむ。

【後頭葉】

後頭部にあり、後頭部中央の奥には目から送られてきた情報を処理する「視覚野」と呼ばれるエリアがある。

目のレンズを通して網膜というフィルムに映っている情報がここに運ばれ、色や形などを理解して、それが何なのかを理解する働きをもつ。

【前頭葉】

額《ひたい》の奥に位置する。前頭葉の後ろには運動機能をつかさどり、体の筋肉を支配する「運動野」、その下には言葉を作り出し、発声を生む「ブローカ野」がある。

ブローカ野は、このエリアを損傷すると言葉が出なくなる失語症の症状をきたすことを発見したフランスの医師ポール・ブローカの名に由来する。

また、運動野の前方に広がっている場所は「前頭前野」と呼ばれ、思考や判断、意思、計画、創造、共感、意欲などにかかわり、人間が人間らしく生きるための機能がつまっている。

脳の中でもっとも重要な役割をもつ場所とされ、「脳の中の脳」と呼ばれる。この前頭前野の働きが「頭のよさ」と密接な関係があると考えられている。

▼脳のしくみ（左側の脳）

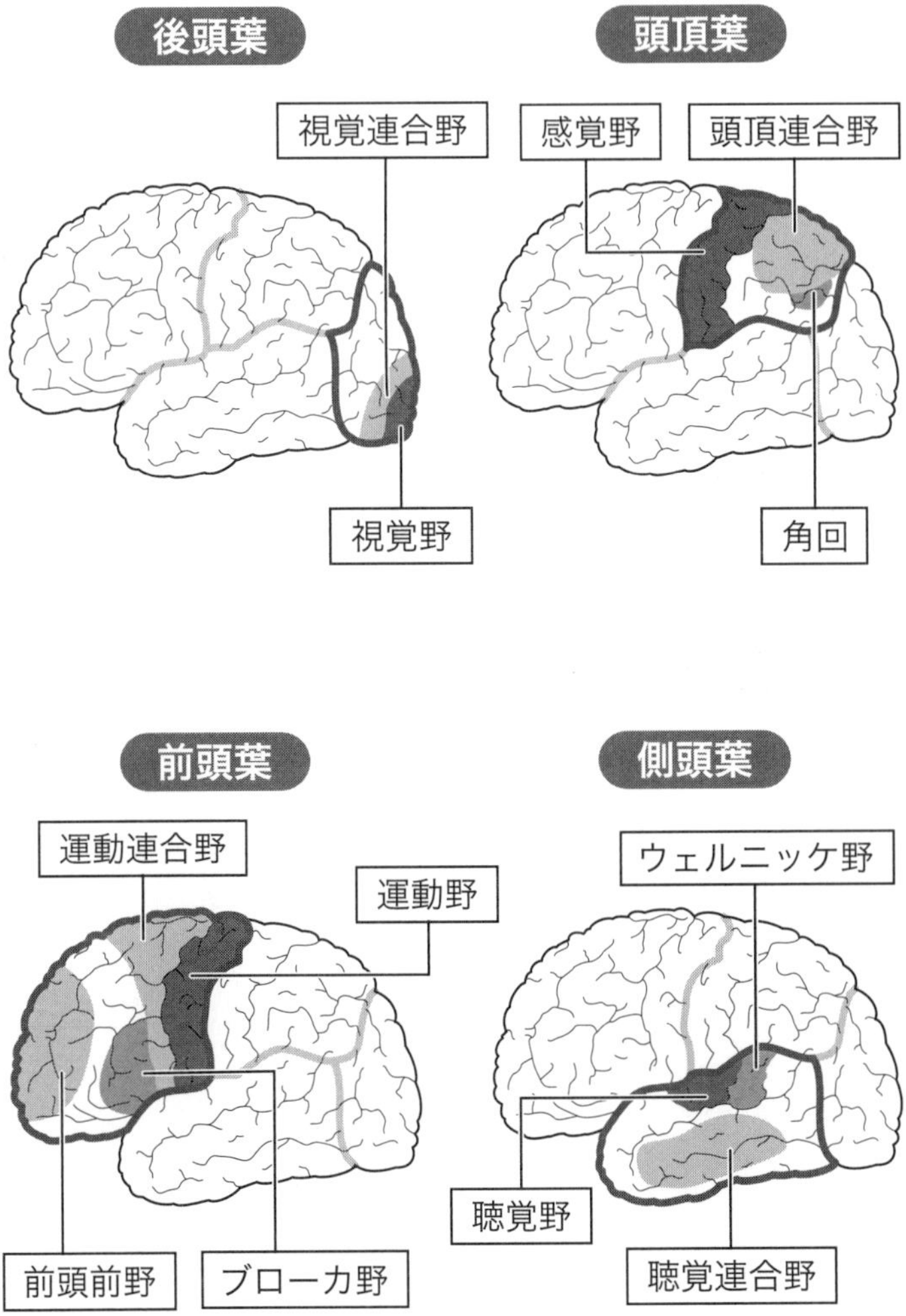
後頭葉
視覚連合野
視覚野
頭頂葉
感覚野
頭頂連合野
角回
前頭葉
運動連合野
運動野
前頭前野
ブローカ野
側頭葉
ウェルニッケ野
聴覚野
聴覚連合野

## 前頭前野のもつ「人間をつくる」働き

「頭のよさ」と密接なつながりがあるとされる脳の前頭前野は、どんな役割を担っているのか。もう少し詳しく説明する。

ヒトと動物の脳（大脳）を比べたとき、大きく違うのは脳の中で前頭前野の占める割合である。ヒトの前頭前野は脳の中の約30％を占めているが、動物の中でもっとも脳が大きいといわれるチンパンジーでも7〜10％ほどしかない。

ヒトの前頭前野は非常に大きく発達していて、ヒトがほかの動物と違うのは、この大きな前頭前野をもっているからで、「人間らしさは前頭前野から生まれる」といわれる。

前頭前野は記憶や学習をコントロールし、ものを考えたり判断するときに働く。また、創造性や感情などもコントロールし、新しいものを創り出したり、発想を豊かにしたりする働きをもつ。

前頭前野の働きによって、人間としての知性や心を獲得しているのである。

そのため、前頭前野の働きが悪くなったり、前頭前野がダメージを受けたりすると、性格や情感の障害を生じるとともに、知的機能も支障をきたすことになる。具体的には、性

▼前頭前野の働き

| | |
|---|---|
| **考える**<br>行動をする前に計画を立てたり、計画を実行する際にどうすべきかを考える | **記憶する**<br>考えたことや、経験したことを記憶する |
| **アイデアを生み出す**<br>新しいものを創り出したり、アイデアがひらめいたりする創造力を発揮する | **感情をコントロールする**<br>本能的・自己中心的な感情や行動おさえてコントロールする |
| **人を思いやる**<br>相手の立場や気持ちを考える人間らしい思いやりの心をつくる | **やる気を出す**<br>新しいことをやろう、挑戦してみようという意欲や気持ちを生み出す |

格が変わる、自制心がなくなる、無計画になる、将来を予測できなくなる、などである。

19世紀中頃のアメリカでの出来事を紹介しよう。

1人の鉄道員が線路工事をしていたときに爆発事故が起き、飛んできた鉄パイプが右前頭部に突き刺さる大ケガを負った。鉄パイプは脳にまで食い込み、前頭前野を損傷してしまったのである。

それまでは真面目な働き者で誰からも好かれていたが、この事故のあと、性格が別人のように変わってしまった。仕事への気力もなくなって投げやりな態度になり、暴力的な言葉を吐くようになって、顔つきも貧相で悪くなってしまったという。

この鉄道員のアクシデントをきっかけに脳の研究が進み、前頭前野は人間らしさをつかさどる脳の中で、もっとも重要な役割をもつところであることがわかったのだが、前頭前野は、まさに人間を人間たらしめている高度な機能であり、それは〝人間の心〟そのものといえる。

前頭前野の働きが衰えることで性格や感情に破綻が出るということは、とりもなおさず「頭が悪くなった」わけで、つまり「頭がよい」とは「人間らしい心があること」と解釈される。

したがって、「頭がよい人」とは、脳の前頭前野がつねに活発に働いている状態の人と考えられるのである。

## 脳はその働きによって順に発達する

脳の中できわめて重要な役割を担う前頭前野なのだが、では、脳は全体的にどのように発達するのだろうか。

人間の生まれたばかりの脳の重さは約400グラム。大人の脳の約3分の1ぐらいだが、9か月頃になると700グラムから800グラムと、生まれた直後に比べると約2倍に増える。

2歳半頃になると900グラムから1000グラムになり、大人の脳の重さの7割前後に成長する。生後1か月頃は急速な成長がみられ、1日1グラムもの重さの脳が増えている計算になるという。

このように赤ちゃんの脳は速いスピードで大人の脳の重さに近づいていくが、その成長にともなって脳も発達していく。

まず発達し始めるのが脳幹だ。大脳を支える幹のような形をしていて、呼吸や循環など生命維持の役割を担う。

次に発達し始めるのが小脳。運動機能をつかさどるため、赤ちゃんはハイハイしてつかまり立ちするようになる。次に「見る」を担う視覚野をもつ後頭葉、「聴く」を担う聴覚野をもつ側頭葉、「感じる」を担う感覚野をもつ頭頂葉の順に発達する。

最後に発達するのが理性、感情などをつかさどる前頭葉で、なかでも高度な思考機能を担う前頭前野がいちばん最後とされる。

なぜこのような順に発達するのかというと、人間が成長していくには脳の中でも根元的、生命的な働きをもつエリアから早く発達を始める必要があるからだ。生命維持をつかさどる脳幹が、どのエリアよりも早く発達するのはそのためである。

発達する時期は、脳幹が誕生から数か月かけて発達し、小脳が1歳頃から、後頭葉、側頭葉、頭頂葉が3歳頃から発達を始める。最後に発達する前頭前野は5歳頃から発達し、8歳頃にピークを迎え、14歳頃までよく発達するという。

前頭前野は20歳を過ぎてもゆるやかに発達するようだが、小学1年生頃から中学生頃が前頭前野の鍛えどきとなる。脳科学者や教育者は、この時期に習い事を始めることを勧めているが、それは理にかなっているといえる。

# 日常生活で使っているワーキングメモリー

## 使ったらすぐに忘れる記憶能力

脳の前頭前野には、その働きを担う「ワーキングメモリー（Working Memory）」という記憶に関する場所がある。

ワーキングメモリーとは、視覚や聴覚から得た情報を一時的に保持して、必要な作業や行動を起こすときに引き出して使う能力のこと。「作業記憶」「作動記憶」とも呼ばれる。

たとえば、ファミレスでランチとデザートを注文したとする。ランチが650円でデザートは200円だとすると、1000円札を出してお釣りをもらうことも多いだろう。

実は、ここでワーキングメモリーを使っているのだ。このとき、650円と200円で合計は850円だから、1000円出したら150円のお釣りだと頭の中で計算する。

そして暗算するとき、650円と200円は足し算をするまで覚えておかなければならず、足した850円は1000円からのお釣りを計算するまで覚えていなければならない。しかし、1000円出して150円のお釣りをもらえば、その時点で650円も200円も、また850円も、みな忘れていいわけである。

また、電話をかけるときもワーキングメモリーが働く。電話をかける際、番号が書いてあるメモを見てかけるとする。そのとき、電話をかけるまでのあいだだけ番号を覚えているが、かけ終わったら番号は忘れてしまうという現象である。

このような、なんらかの行為が終わるまで覚えている記憶がワーキングメモリーであり、言い換えれば、日常生活の中で短い時間だけ記憶にとどめておき、作業や行動が終わると忘れてしまう能力のことである。

ワーキングメモリーを勉強机、入ってくる情報を本にたとえると、机の上に本を並べて使うときまで保管する。しかし、本の数が多くなると机の上に乗り切らなくなり、たちまち下にこぼれ落ちてしまう。ワーキングメモリーには、新しい情報が入ってくると、古い情報がどんどん消されていってしまう〝弱点〟があるのだ。

こうした特徴をもつワーキングメモリーを、アメリカの心理学者ジョージ・ミラーは「マジカルナンバー7±2」と名づけている。

人間が短時間に記憶できる最大数は5～9のあいだ、つまり7を中心としてプラスマイナス2の範囲内という意味で、一般に数字なら約7個、文字なら約6個、単語なら約5個が限界容量とされている。

記憶の容量がとても少ないワーキングメモリー。もし、その働きが低下してしまうと、どのようなことが起きるか。

「何かを取りに来たのだが、途中で何を取りに来たのか忘れてしまった」ということを経験した話を、よく耳にする。これはワーキングメモリーがうまく働いていない典型的な状態である。

たとえば勉強のとき。テスト用のノートを作成するために参考書を見て、その補足分を別の参考書から探していく。しかし、探していくうちに最初の参考書の何が不足していたのかわからなくなり、また最初の参考書を調べ直している状態。あるいは、英語の長文を日本語に訳す際、その中のわからない単語を辞書で調べていくうちに、その単語が文章のどこにあったのか忘れてしまい、英文全部を見直している状態である。

つまり、ワーキングメモリーの働きが低下すると、目的を達成するために保持しようとしていた情報が、最初に保持されていたものから失われていく状態に陥りやすくなるのである。

## ワーキングメモリーを鍛える

日常生活で何気なく使っているワーキングメモリーは、保持できる記憶の量は少なく、しかも保持できる時間も短い。しかし、ワーキングメモリーは鍛えることで、その弱点を改善できるという。

ワーキングメモリーは、電話をしながらメモを取る、話しながら歩くなど、同時に2つの作業をこなすことで鍛えられるとされ、そのメソッドとして「デュアルタスク」と呼ばれるトレーニングがある。

デュアルタスクの「デュアル（dual）」は二者や二重、「タスク（task）」は作業、仕事という意味で、「AをしながらBをする」といったように2つのことを同時に行うメソッドである。「二重課題」とも「ながら動作」とも呼ばれる。

2つの作業でも「運動＆知的作業」の組み合わせで行うのがもっとも効果的とされ、認知症予防として医療施設などで採用されているメソッドとしても知られる。

デュアルタスクの代表的な例に「ウォーキング（運動）」＆「計算（知的作業）」がある。たとえば、「100－7＝93」「93－7＝86」「86－7＝79」……「16－7＝9」「9－7＝2」というように、最後の2になるまで100から同じ数を引き続ける計算を歩きながら行うトレーニングである。

脳は2つの作業を同時に行うと混乱して頑張る〝クセ〟がある。そのクセを利用したもので、脳は混乱を整理しようと活性化する。とくに、運動機能と思考機能をつかさどる前頭葉が刺激され、ワーキングメモリーが強化されるのだという。

手間のかかる作業や面倒なことは脳にはよい刺激になるため、引く数は1、5、10といった引き算しやすい数は避け、7、8、9などが混乱しやすくて効果的である。

そのほか、一般的なものに次のトレーニングがある。

## ―階段の昇り降り（運動）＆しりとり（知的作業）―

階段を一段昇る（降りる）ごとに1人しりとりを行う。出たしりとりの言葉を歩みに合わせて暗唱する。

―買い物（運動）＆計算（知的作業）―

スーパーなどで買い物をする際、商品をカゴに入れるたびに、その値段を足し算していく。

―ひとりじゃんけん―

必ず右（左）手が勝つという条件のもとに、1人で右手と左手でじゃんけんを行う。手を動かすという「運動」とじゃんけんに勝つために次の手を考える「知的作業」の2つを組み合わせたトレーニング。

国立長寿医療研究センターでは、これらのデュアルタスクトレーニングがワーキングメモリーの鍛錬にたいへん有効であるとして、記憶能力を高めるためにもゲーム感覚で実践することを奨励している。

# ピアノレッスンが非認知能力を高める

## 問題解決能力を向上させる

脳科学者で武蔵野学院大学・大学院の澤口俊之教授のピアノと非認知能力に関するレポートがある。２０００年にヨーロッパで発表された研究結果によると、ピアノのレッスンが問題解決能力を向上させることが証明されたという。

8歳から10歳の小学生を対象にピアノを習ったグループと演劇を習ったグループに分け、習う前と習った後の問題解決能力を測定したところ、ピアノを習っていたグループのほうが、その伸びが明らかに大きかったのだ。

問題解決能力は非認知能力の1つである。問題解決能力の「問題」とは「目的」と「現状」のギャップのことで、「解決」とはそのギャップを埋めて目的を達成するために必要

▼問題解決能力とＩＱの変化

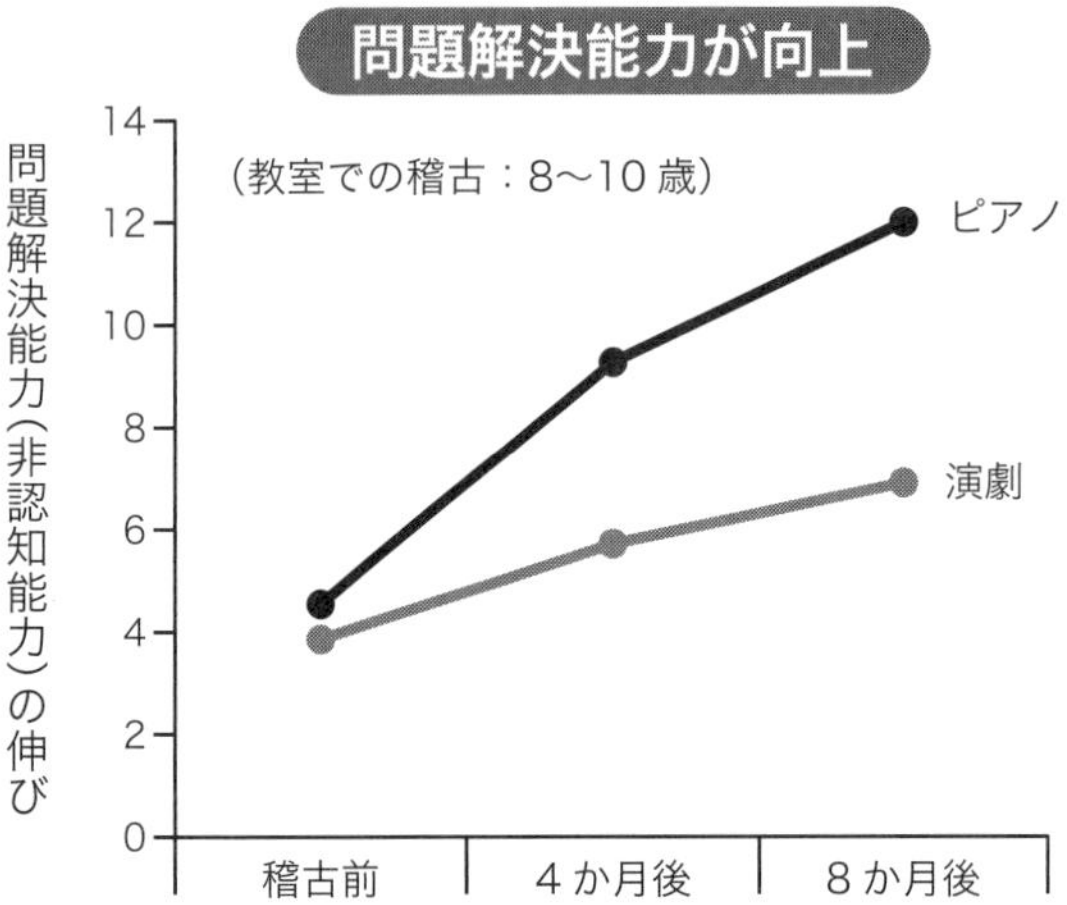


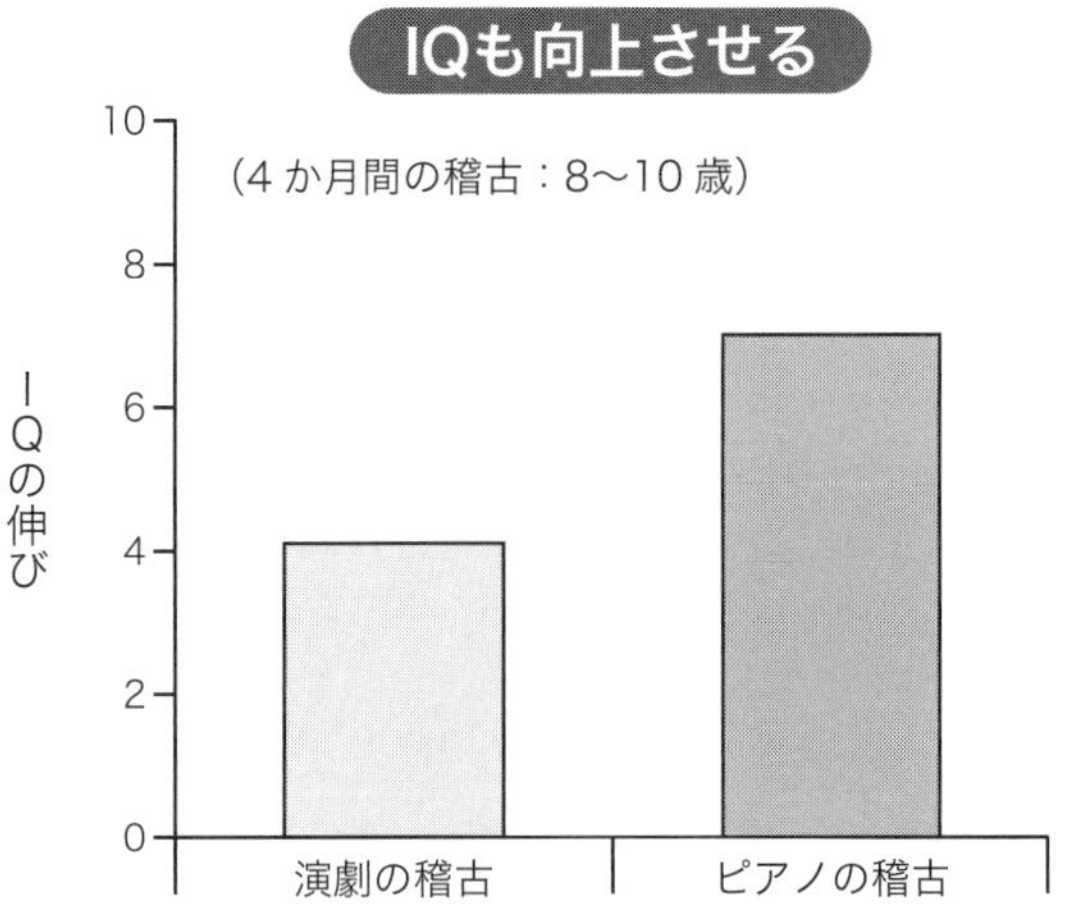


澤口教授の資料をもとに作成

な能力のこと。出世など社会的成功や幸福感を左右し、同じ作業を繰り返し行うことで身につけることができるとされる。

また、2012年に同じくヨーロッパで発表された研究では、ピアノを習うことでIQ（知能指数）そのものが向上する効果も認められたという。

なお澤口教授は、非認知能力を「人間らしい能力」という意味から、独自に「EQ（Humanity Quotient／人間性知能）」と名づけている。

## デュアルタスクがワーキングメモリーを鍛える

ピアノを習うと、なぜ非認知能力が向上するのか。

結論からいうと、ピアノを弾くというデュアルタスク作業によって、脳内のワーキングメモリーが鍛えられ、「人間力」を生む前頭前野が活発に働く結果と考えられる。

ピアノを弾くという行為は、「指を動かす」「先を読む」「記憶する」の3つの要素で構成される。

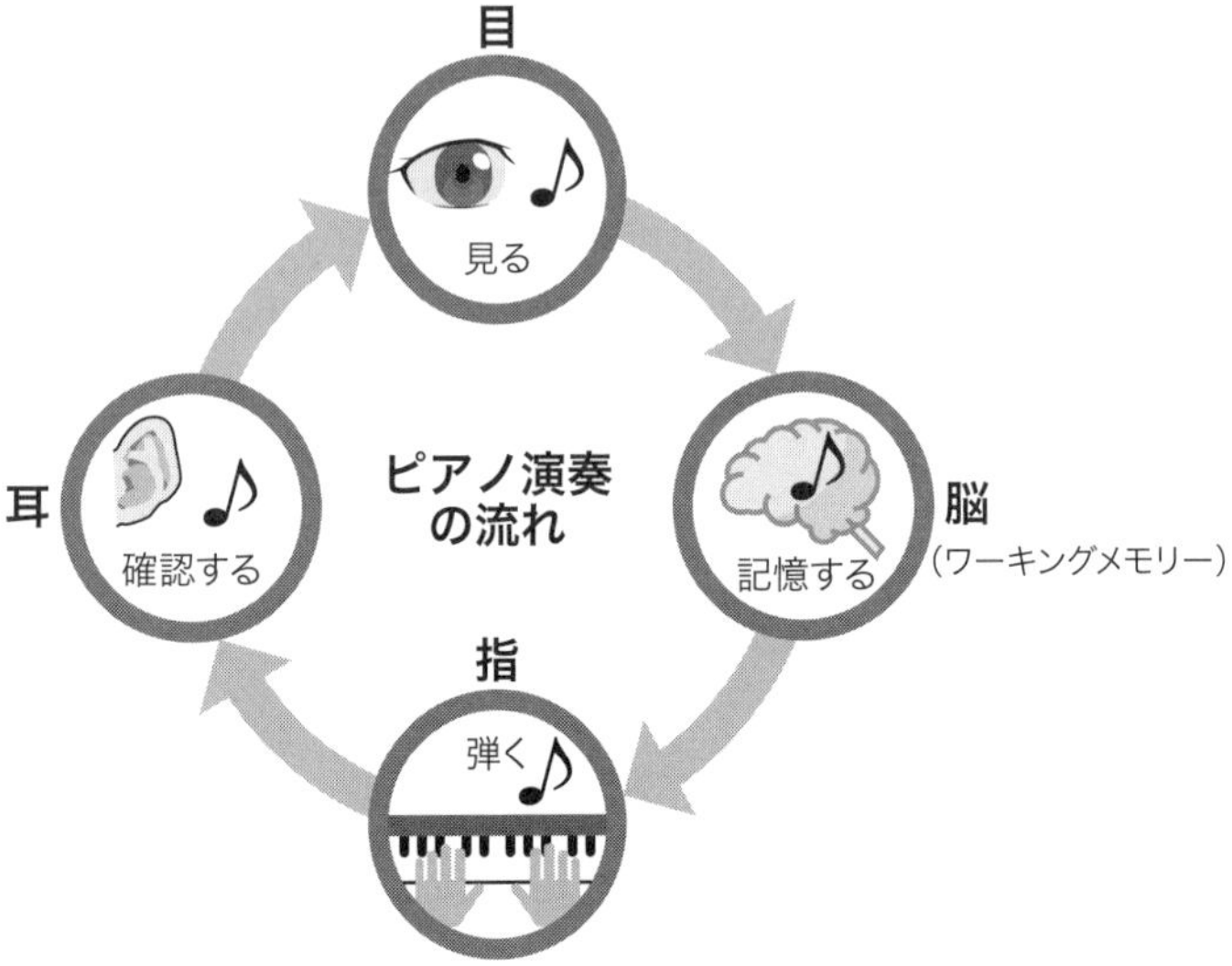


両手で違う動きをしながら、楽譜を見て先を瞬時に記憶して、記憶したところを弾き、奏でている音を確認しながら、さらに目では次に弾く楽譜を見て記憶する。この一連の流れを瞬間的に連続して行っている。

もう少し詳しく説明しよう。

ピアノを弾くためには、暗譜（楽譜の暗記）している場合は別として、まず楽譜を読まなければならない。

楽譜に示されている音の長短、音の高低、リズムなどを読み取る。そして楽譜から読み取ったこれらの情報をワーキングメモリーで記憶し、そこから情報を引き出して指を動かす運動神経（前頭葉の運動野）に伝えて鍵盤を打つ。

さらに、打鍵により発せられた音が正しく弾けている音かどうか耳で確かめる。確かめながら、目は次の音符を追い、次に打鍵する準備のために先読みして記憶する。このサイクルをひたすら繰り返すことが、ピアノを弾くという行為である。

このとき、「打鍵する&楽譜を読む」「打鍵する&楽譜を記憶する」「打鍵する&音を確認する」といった「運動&知的作業」を同時にこなすデュアルタスクが繰り返し行われている。そのため、ワーキングメモリーは大いに混乱し、相当鍛えられると推察される。

先の澤口教授のレポートにおけるピアノグループと演劇グループの比較で、ピアノグループの非認知能力が高まったのは、デュアルタスク現象によってワーキングメモリーが鍛えられた結果であることを示している。

## 右脳と左脳を刺激して、脳全体を活性化

古くから、指先が器用な人は頭がいいという通説がある。指を使う運動が体内の末梢神経を刺激し、脳の働きを活発にするのだという。

というのも、末梢神経は血管と同じように目、耳、皮膚、内臓など全身に張りめぐらされており、脳からの指令を手足に伝えたり、逆に目、耳、皮膚などから得た刺激を脳に伝える働きをもつ。

そのため、手や指を盛んに動かすことによって、脳の広い領域に多くの刺激をあたえるからだ。指先が「第二の脳」といわれるゆえんである。

ピアノを弾く際は、両手10本の指をすべて使う。加えて1本1本の指は独立させた動きをコントロールする。両手の指を同じように使いつつ、一方の手が奏でる音と、もう一方の手で奏でる音が異なるというピアノ特有の演奏法のためだが、ピアノ以外にはほとんど見られない指の動かし方である。

また、楽譜どおりのメロディーやリズムに沿って、指を動かさなくてはいけないのも、ピアノならではの指の使い方である。

こうして指を1本1本緻密にコントロールして動かし、演奏を上達させるために何回も繰り返しレッスンする。脳を刺激する指の運動が継続的に行われ、その結果、脳の働きが活性化されるのである。

そして両手を使うことも、脳によい影響をあたえる。

全体が球のような形をしている大脳は、真ん中の溝で左右2つの半球、「左脳」と「右脳」に分かれている。左脳は「言語脳」ともいわれ、身体の右半分の運動や知覚をはじめ、読む、書く、話す、計算など論理的な思考をつかさどる。

右脳は「イメージ脳」ともいわれ、身体の左半分の運動や知覚をはじめ、芸術的な活動、直感、アイデアなど感覚的な思考をつかさどる。

左右両手を使うピアノ演奏は、身体の左側にある左手によって右脳、身体の右側にある右手によって左脳が刺激される。そして、左右両手をまんべんなく使うので、左脳と右脳がお互いに刺激し合う。その結果、左脳と右脳がバランスよく活性化され、脳に理想的な働きをするからである。

また、ピアノ演奏の経験が長ければ長いほど、言語表現力が高まるともいわれる。その理由は明らかではないが、次のように推察される。

左脳と右脳のあいだには、高度な言語機能に深く関係する「脳梁《のうりょう》」と呼ばれる神経線維の束がある。この脳梁は、複雑な情報処理を行っているときにもっとも活発に働く。

そのため、長年のピアノ演奏の複雑な操作によって脳梁が活性化を続け、表現能力が高まったというわけである。

## 楽しくピアノを弾いて非認知能力を増進

43ページの東大生の声にもあったように、ピアノのレッスンはなかなかつらく厳しいもののようであるが、それでもなるべく楽しく弾くことが、さらに脳力アップにつながる。

楽しさや幸せを感じるとき、大脳のほぼ真ん中にある「側座核《そくざかく》」と呼ばれる部位から、ドーパミンという脳内ホルモンが分泌される。このドーパミンは「快楽物質」とも呼ばれ、前頭前野の働きに深く関わっていることが知られている。


2009年、カナダ・マギル大学の研究チームがアメリカの科学誌『ネイチャー・ニューロサイエンス』に「音楽はドーパミンを放出させる効果がある」という内容の論文を発表した。

研究チームは、19歳から24歳の8人の被験者にクラシックやジャズなどの音楽を聴かせ、心拍数や脳の変化などからドーパミンの分泌状態を調べた。

すると、好きな音楽を聴いて心がはずんでいるとき、被験者たちの脳が活発化し、盛んにドーパミンが分泌されることが判明したという。ドーパミンの分泌は音楽へのワクワク感の度合いが強いほど量が多く、好きな音楽を聴けるという期待感をもっただけでも出ることが確認された。

この研究結果から、ピアノ演奏するときを考えてみよう。

ピアノを楽しく弾いているときというのは、その楽曲（音楽）を好ましく聴いている状態だろうから、ドーパミンが分泌されていると考えられる。

また、ドーパミンは目標を達成したときや、夢がかなって感動したときにも分泌されるという。つまり、ピアノのレッスンは楽しい気持ちで弾く。楽しくレッスンし、楽曲をマスターしたときに達成感を得る。同時に、完全に弾けたという事実に感動する。そして、このときふんだんにドーパミンが分泌されることになる。

その結果、ドーパミンの影響で前頭前野の働きが活発化し、意欲、思考力、判断力、向上心、記憶力といった非認知能力が増進されると考えられるのである。

# プロはなぜ華麗な指さばきで曲を弾きこなすのか

## 指を速く動かすと脳が発達する

専門家のあいだでは「ピアノは子どもの頃から習い始めるのがベスト」「大人になって始めても、なかなか上達しない」などと語られることが多いが、子どもの頃からのレッスンは、脳の発達と密接な関係について示す研究結果がいくつか報告されている。

そのひとつが、子どもにピアノを習わせることによる脳の変化について調べたアメリカ、ハーバード大学の実験レポートである。

ピアノ演奏は指をスピーディーに動かすことが求められるが、指を動かすと脳にどのような変化が起きるか。ハーバード大学のレポートを紹介する前に、まずそこから説明したい。

大脳の前頭葉に、手足や体を動かす指令を出す神経細胞が集まった「運動野」と呼ばれるところがある。ここの神経細胞が活動すると指の筋肉に「動け」という指令が送られ、指が動く。

ＭＲＩ（磁気共鳴画像）装置を使って指を動かしているときの運動野の働きを調べると、指の動きが速くなればなるほど、神経細胞が活発に活動することがわかった。

つまり、指をスピーディーに動かすためには、運動野の神経細胞がフル回転で働くことが必要なのである。

話をもとにもどす。ハーバード大学の研究チームは、6歳の子ども31人に対して最初に運動野の大きさをＭＲＩで測り、指をどれだけ速く動かせるか実験を行った。

次に子どもたちを2つのグループに分け、片方のグループにだけ約1年間、週1回30分のピアノレッスンを受けてもらった。そのあとにもう一度、両方のグループの子どもの運動野の大きさを測り、指を動かす速さを測定する実験を行った。

ピアノレッスンを受ける前は、両方のグループの子どもの運動野の大きさに差はなかった。ところが1年後、レッスンを受けた子どもたちは運動野の体積が大きくなっており、レッスン前よりも速く指を動かせるようになっていた。

運動野の体積が大きくなった子どもほど、つまり、運動野の神経細胞の数が増えた子どもほど、指をより速く動かせるようになっていたのである。

この実験結果は、ピアノ演奏で指を速く動かすために必要な脳の発達には、子どもの頃からのレッスンが効果的であることを示している。

## レッスンによる脳の発達は11歳が限界？

ピアノレッスンにかける時間と脳の発達との関係を調べた研究もある。

大脳の内側に「白質」という「大脳髄質」とも呼ばれる脳の神経細胞同士が情報を伝え合うのに必要な神経線維の集まりがある。これまでの研究で、この白質が発達すると、運動能力が向上することが明らかになっている。

ある研究者が、「子どもの頃に十分なレッスンを積んだピアノ経験者は、白質が一般の人と比べて発達しているのではないか」と考え、現役ピアニストたちの子ども時代に行ったレッスンの時間量と白質の発達との関係を調べた。

▼脳の白質とレッスン時間の関係

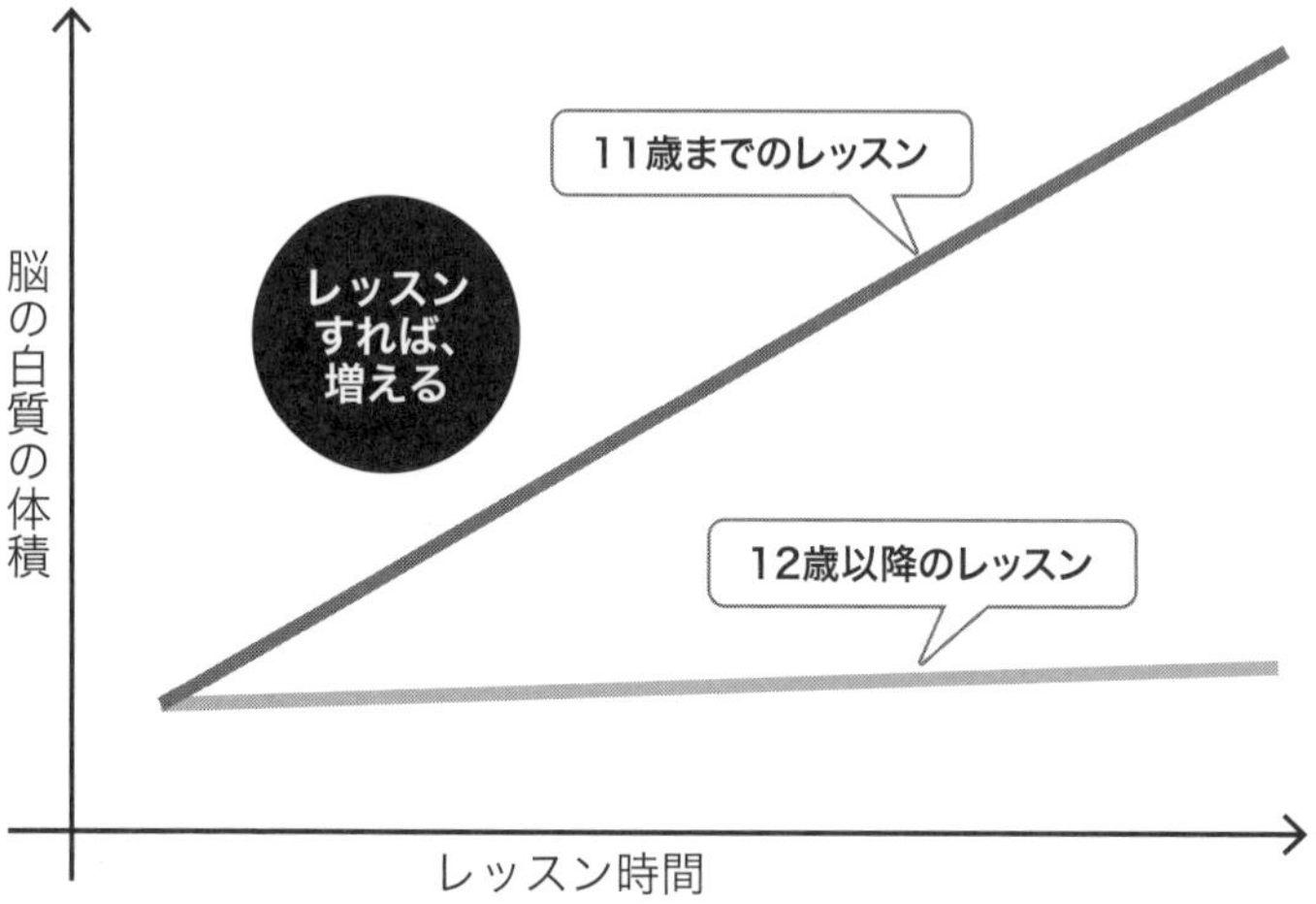


すると、白質は11歳までのレッスン時間の量に比例して発達していたが、12歳以降のレッスン時間の量と白質の発達具合との間には、ほとんど関係がみられなかった。

これは、11歳までにレッスンをすればするほど白質は発達するが、12歳以降のレッスンは、たとえ時間を増やしていっても白質は発達するわけではないということを意味する。

白質が発達すると、たくさんの情報をいちだんと速く脳の中でやりとりできるようになるので、指を速く動かすには好都合である。

したがって、この調査結果はピアノ演奏に不可欠な運動能力を勝ち得るためには、子どもの頃のレッスン量が非常に大事であることを表している。

つまり、同じ時間量のレッスンをするにせよ、大人になってから始めるよりは、子どもの頃から始めるほうが〝脳力〟を高めるためにも、はるかに能率的というわけである。

## 指の速い動きは表現手段のひとつ

ピアノのレッスンは早くから始めるのが上達の早道ということなのだが、かといって、早くから始めないと上手に弾けるようにならないと、頭から決めてかかるのも性急であろう。

確かに子どもの頃からレッスンを積み重ねていれば、手指をスピーディーに動かしたり、複雑な動きが必要なときにも大いに役立つ。

しかし、大人になっても運動野の神経細胞は増えるとされているので、たとえレッスンを始める時期が遅くても、レッスンする時間さえ十分にあれば、いつからでも上達する可能性がある。

また、当然のことながら、指がスピーディーに動かせるからすぐれた演奏家とはかぎらない。

音の強弱を正確にコントロールする、メロディーとリズムをバランスよくとる、表情豊かな音色を出すなど、ピアノには多種多様な表現手段がある。指をスピーディーに動かすというテクニックは、数ある表現手段のひとつにすぎないからだ。

しかも、子どもの頃に多量のレッスンを重ねても、レッスンの仕方が間違っていれば、上達するどころか、ともすれば手指や腕を痛めかねない。

とはいえ、子どもの頃から正しいメソッドでレッスンを積めば、その努力は報われ、ピアノならではの卓越したテクニックを備えることができる。

プロのピアニストは、左右10本の指を自由自在に操って、「超絶技巧」と呼ばれる巧みなテクニックで、難度の高い楽曲を華麗に弾きこなす。

その高等テクニックの背景には、幼少期からの長年にわたるレッスンによって、脳の機能が発達した結果と考えられるのである。

# 第3章

# 国産ピアノの誕生と音楽教育

# 「小さなオーケストラ」ピアノの誕生

## 日本最古のシーボルトのピアノ

　この章では、日本におけるピアノ教育の歴史についてふれる。まず、日本にいつピアノが入ってきたのかから始めよう。

　一説には1581年頃、織田信長が築いた安土城にイスパニアの宣教師パーデレが西洋楽器を献上したという記録が残っているとのことだが、ピアノの発明は18世紀の初め頃なので、楽器の中に鍵盤楽器があったとしても、それはピアノではないと思われる。

　江戸時代後期、長崎のオランダ商館にドイツ人医師シーボルトがもってきたものが、日本に現存する最古のピアノとされる。

　シーボルト（1796年～1866年）はオランダの軍医としてジャワ島に赴任し、退役後に東インド会社の嘱託医師となり、1823年(文政6年)、27歳のときに日本の文化と自然を学ぶために長崎の出島にやってきた。

このときにピアノを所持してきたのではないかといわれる。

シーボルトは5年間、長崎に滞在して帰国しようとしたところ、所持品の中から日本地図が発見された。当時、江戸幕府によって日本の地図を国外に持ち出すことは禁じられていた。シーボルトは1年ほど幽閉され、すべての所持品がチェックされた。

そのなかに、現在の山口県萩市の旧家熊谷《くまや》家の当主五右衛門に寄贈したピアノがあった。このことは、ピアノの内部に「わが友くまやの思い出に フォン・シーボルト 1828」と、オランダ語で署名されていることで明らかになっている

熊谷五右衛門は、長州藩の御用商人を務める萩の豪商。エキゾチシズムの持ち主で、海外の絵画や書籍、文具などを収集するコレクターでもあった。

1825年(文政8年)に長崎に旅行したおりにシーボルトと出会い、高価な骨董品などを贈った。その返礼にピアノを寄贈されたと推察される。

シーボルトのピアノは、1820年頃にロンドンで製作された大型の四角い机のような形をした「スクエアピアノ」（幅168センチ・奥行62センチ・高さ37センチ）で、鍵盤数は68（現在のピアノは88）である。

萩市の熊谷美術館に現在も保管されているが、その保存状態はきわめてよく、音質は低いが透明感のある澄んだ音色で、いまなお演奏することができるという。

## 都市に花盛りのピアノ教師

ピアノは19世紀初頭からヨーロッパで製造されるようになったが、その原型をつくったのはイタリアのバルトロメオ・クリストフォリ（1655年〜1731年）といわれる。

クリストフォリはイタリアの名門メディチ家のお抱えチェンバロづくりの職人だったが、指で弦を弾くチェンバロの音色が変化に乏しいことをもの足りなく感じ、指の代わりにバチで弦を打って音を出す打弦楽器を考え出した。

1709年のことで、この楽器をクリストフォリは、「クラヴィチェンバロ・コル・ピアノ・エ・フォルテ（強い音も弱い音も兼ね備えた新型チェンバロ）」と名づけたのが、世界の〝ピアノ第一号〟である。

クリストフォリは生涯に20台ほどのピアノを製作したが、当時の音楽家たちには不評で、彼自身も将来の音楽会を席捲する画期的な楽器になるとは夢にも思わなかった。

ところが、サロンなどでのコンサートで使用され始めると、チェンバロに代わって脚光を浴びるようになり、みるみる人気が上がっていった。

その頃の文献に次のように記され、賛美されている。

「弱い音から突然強い音になる、この化け物のような楽器は、チェロの迫力と多様な音色を併せもっている」


ピアノの人気は高まり、またフランス革命（１７８９年）などによる市民階級の台頭につれて、中・上流層の家庭の子女たちが教養としてピアノを習うようになった。入門書や教則本もどんどん出版され、ピアノ人口は急激に膨れ上がっていった。

その頃から〝音楽の都〟と称されていたウィーンには、医者が５００人ほどしかいないのにピアノ教師はその３倍以上の１６００人を超えていたという。

まだ貧乏作曲家だったモーツァルトやベートーヴェンもピアノを教えて生計を立てていたといい、現代に勝るとも劣らない盛況ぶりだったと伝えられる。

## 「小さなオーケストラ」と呼ばれる理由

ピアノの製造発展とともに、ピアノは教養として市民社会に浸透していったが、その大きな理由のひとつとして、ほかの楽器にはない魅力があったことも見逃せない。

音の正体は空気の振動で、空気の中を伝わる波である。

ピアノの鍵盤を押すと、内部でハンマーが動いて弦を叩き、弦が複雑な振動をする。その弦の複雑な振動が近くの空気へと伝わり、密度が濃くなったり、薄くなったりする空気の波が生まれる。この波が伝わり、私たちの鼓膜にぶつかることで音として認識される。

1秒間に波が揺れる回数を周波数といい、「ヘルツ」という単位で表される。音の高さ(音程)は、この周波数によって決まる。

たとえば、ピアノの「ド」(鍵盤の真ん中あたりに位置する)の音。この音は261ヘルツだ。しかし、この音には261ヘルツの「ド」として聴いている音だけでなく、1オクターブ上のド(523ヘルツ)も入っているし、1オクターブ上のソ(785ヘルツ)など、さらに高い周波数の音もふくまれている。

楽器には、周波数が2倍、3倍、4倍と整数倍に高くなった音が重なっているという特徴がある。これらの音のことを「倍音」と呼び、楽器によってこの倍音の構成が異なっていることが音色の違いに表れる。

ピアノは楽器のなかでも倍音が豊かで、しかも複雑な発生の仕方をする。それはピアノ特有の弦の長さや、強い張力などの作用で倍音にズレが生じるためである。

この倍音のズレを「非調和性（インハーモニシティ）」といい、それが音楽的によい方向に作用し、ピアノの音にきらめきやのびやかさなど豊かな存在感をあたえている。

また、次ページの図のようにピアノ88鍵の音域は、あらゆる楽器の音域をカバーできる要素を備えている。

コントラバスのような低い音も、フルートのような明るい音も、ヴァイオリンのような透き通った音も、またクラリネットのような暗く渋い音も、1台のピアノにすべて内包されている。

こうしたピアノのもつ倍音の特色と音域の広さによって、音の強弱や音色に多彩な変化がつけられ、ほとんどの声域をピアノ1台でまかなうことができる。

ピアノが急速に市民に普及したのは、まさにオーケストラにも代わり得る多彩な表現力をもつ万能楽器、「小さなオーケストラ」としての魅力があったからである。

▼ピアノとほかの楽器との音域の比較

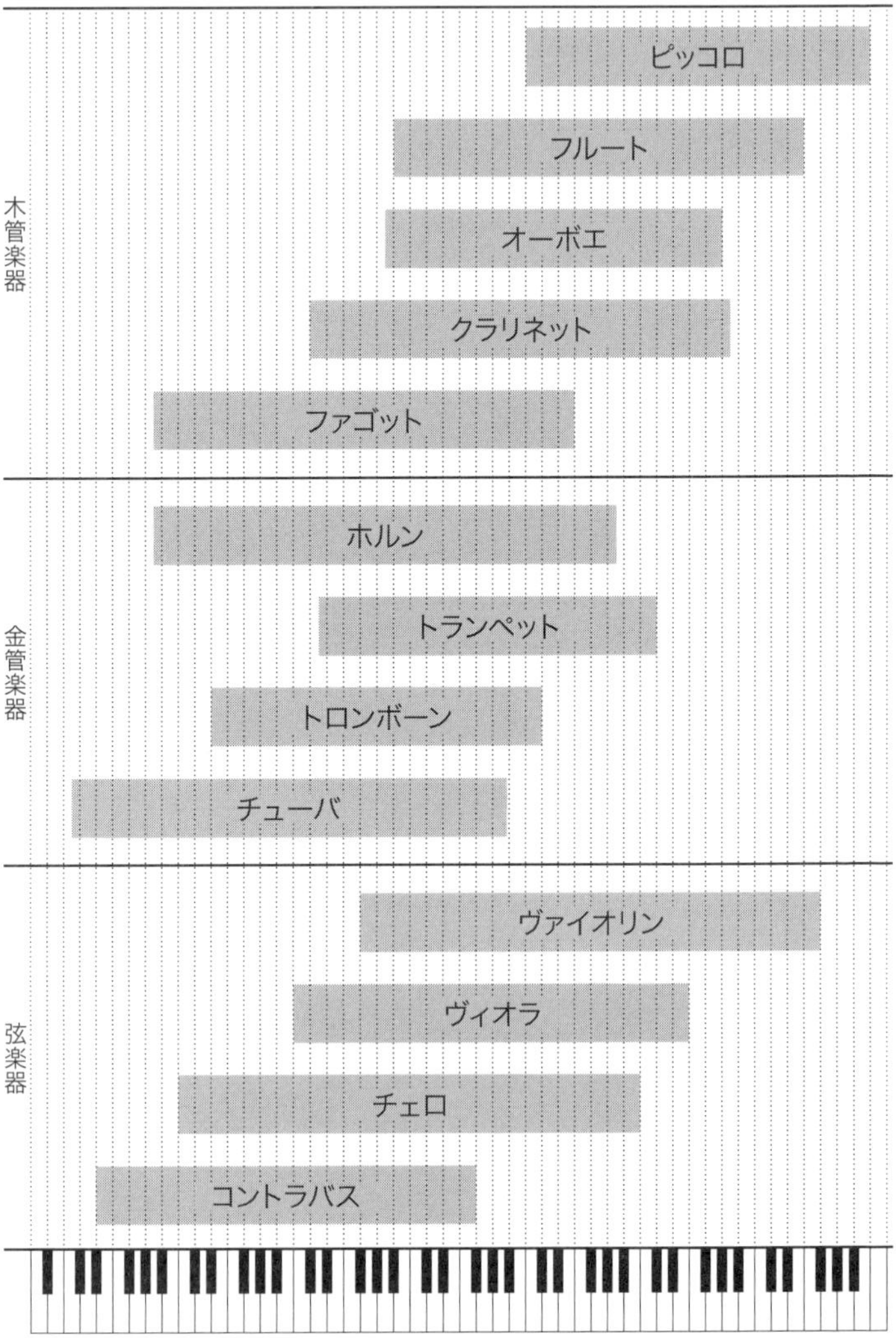

# 日本の二大ピアノメーカー、ヤマハとカワイ

## 試行に試行を重ねて生まれた日本製ピアノ

日本で最初にピアノが製作されたのは、1900年（明治33年）のこと。山葉寅楠《やまはとらくす》が河合《かわい》小市《こいち》の協力を得て、アップライトピアノを完成させたのが国産第1号である。

山葉は楽器メーカーの日本楽器（現ヤマハ）の、河合は河合楽器製作所の創始者として知られる。

製作したアップライトピアノは、スペースに余裕のない一般家庭でも置くことができるように、弦を垂直に張って奥行を小さくした縦型のピアノ

▼山葉寅楠と河合小市

山葉寅楠

画像提供：ヤマハ株式会社

河合小市

画像提供：河合楽器製作所

である。

このシンプルなピアノに着眼したのは、材料など制作費が安くすむことに加え、これから学校で音楽教育用として需要が見込めると判断したからである。


山葉は紀州和歌山藩で天文係を務めた家柄の出身で、医療器具や時計の修理職人として大阪で働いていた。そのとき医療器具の修理のため、静岡県浜松市に出向いた。浜松滞在中、近くの小学校が所有していたオルガンの修理を頼まれたのが、彼の運命を大きく変えることになった。

山葉が修理を頼まれたオルガンは高価なアメリカ製で、当時の値段で45円（現在の約90万円）。幸い故障はすぐに直ったが、山葉がオルガンを見たのは、このときが初めてだった。

彼はオルガンの構造に大いに関心を抱き、その綿密な構造をひそかに図面に書き写した。そして、まずオルガンの製作を開始。生産が順調に進み、事業が波に乗ると次にピアノの製作に着手した。

しかし、ピアノはオルガンと違って構造が複雑で、使用する部品も多い。最初はアメリカなどから部品を取り寄せ、それを組み立てていたが、思うようなピアノはできなかった。
その頃、山葉の工場に入ったのが河合小市である。

浜松の車大工の子に生まれた河合は、そのときは小学校を卒業したばかりだったが、生まれつき器用で研究熱心な少年だった。

オルガン製作の技術をすぐに習得し、山葉の片腕となって、性能のよいオルガンの開発に励んだ。国産のアップライトピアノ第1号を完成させることができたのも、河合のすぐれた改良技術があったからだといわれる。

なかなか思うようなピアノができなかった山葉は、ピアノの製作方法の研究と部品の購入のために渡米した。部品でいちばん入手したかったのは、製作でもっとも障害になっていた「アクション」の作り方だった。

アクションとは、ピアノの構造でいちばんデリケートな部分ともいえる、鍵盤を押すと内部のハンマーが弦を打つ仕組みのことだが、訪れた楽器メーカーでは収穫はなかった。

ところが、山葉が渡米しているあいだ、河合は寝食を忘れて試行に試行を重ねた末、ついにアクションの開発に成功した。そして、山葉がアメリカから買い込んできた鍵盤やフレームなどの部品類と合わせて製作。ここに国産ピアノ「アップライト型ヤマハピアノ」が誕生したのである。

その頃のアップライトピアノの1台が現存しており、国立音楽大学楽器学資料館に所蔵されている。ちなみに日本初のグランドピアノの誕生は、アップライトピアノの完成から2年後の1902年（明治35年）のことである。

▼最初期のヤマハ・アップライトピアノ

国立音楽大学楽器学資料館所蔵

## 明治天皇・皇后陛下の目にとまる

20世紀の幕開けとともに誕生した記念すべきピアノだったが、その歩みは決して順調ではなかった。先述したように将来大きな需要が期待できると、自信をもってのぞんだピアノ製作だったが、予定していた販売台数には遠くおよばなかった。

販売初年の1900年から1904年までの5年間の販売台数は、わずか37台。1台1台が手づくり生産のため、手間をかけるわりには売り上げが伸びず、日本楽器のほかの楽器製作の業績を圧迫するお荷物的存在だった。

窮地に追い込まれたピアノ製作だったが、やがて転機が訪れる。1903年（明治36年）3月、大阪の天王寺で開催された第5回国内勧業博覧会に出品したところ最高賞を受賞し、しかも展示されていたピアノが明治天皇・皇后陛下の目にとまり、お買い上げいただくことになったのである。

またその翌年には、アメリカのセントルイスで開かれた万国博覧会にも出品して名誉大賞を受賞。さらに1909年（明治42年）には、シアトルの太平洋博覧会に出品して世界中から賞賛を浴びた。そして、翌々年にイギリスのロンドンで開かれた日英大博覧会には豪華に装飾された和風ピアノを出品し、その上品な美しさを内外に印象づけた。

こうして、しだいに日本製ピアノは広く認知されるようになり、文部省や宮内庁、全国の学校などから注文が相次ぐようになって、業績を伸ばしていったのである。

河合は1929年（昭和4年）に日本楽器から独立。河合楽器製作所を設立して、自社独自のピアノ製作を開始した。

山葉と河合は、互いに切磋琢磨しながら品質の改良を続け、日本楽器と河合楽器製作所は日本の二大ピアノメーカーとしてピアノの性能を高め、アメリカやドイツなどの諸外国にも販売力を伸ばしていった。

第二次世界大戦時、生産は中止に追い込まれたが、戦後は徐々に再開。1950年代に入ると、生産台数において驚嘆すべき飛躍を示した。そして、1969年（昭和44年）には、日本楽器と河合楽器製作所を合わせた生産総数は22万台となり、世界を席捲した。

今日では4万2000台（2017年現在）とピーク時の5分の1に減少しているが、それでも両メーカーのピアノは世界トップクラスのシェアを誇っている。

# 明治・大正・昭和時代のピアノ事情

## 日本にバイエルが定着した理由

日本におけるピアノ教育は、1879年（明治12年）年に文部省に「音楽取調掛《とりしらべがかり》」が設置されたことからスタートする。音楽取調掛は、のちに東京音楽学校に改称され、現在の東京藝術大学音楽学部の前身である。

歌唱の作成と編纂《へんさん》、音楽教育の研究調査および教師の養成を目的に設置された機関で、その校長に伊澤修二が任命された。

伊澤は長野県高遠《たかとお》に生まれ、大学南校（東京大学の前身）を卒業。愛知師範学校の校長を務めたのち、アメリカに留学した。

▼伊澤修二

東京藝術大学音楽学部大学史史料室所蔵

アメリカ留学時代、マサチューセッツ師範学校で音楽教育の重要性を学んだ伊澤は帰国後、音楽取調掛の初代校長に就任し、日本における音楽教育を主導する役割を担うことになったのである。

音楽取調掛が設置された翌年、伊澤は留学時代に師事した音楽教育家のルーサー・ホワイティング・メーソンを音楽教師としてアメリカから迎え入れた。そのときメーソンがピアノ教育用として持参したのが、20冊のバイエル教則本だった。

バイエルはピアノを習った者なら誰もが知っている有名な初歩教則本で、正しくはフェルディナント・バイアーという作曲家だが、今日ではほとんど無名の人物である。

それを、なぜメーソンが教則本として取り入れたのか明らかではないが、以来、バイエルは日本では絶大な人気となり、今日にいたるまで初等ピアノ教育のバイブル的存在として君臨している。

音楽取調掛でピアノ教育を受けた学生たちは、卒業後に教師としてバイエルを聖書のように信奉し、全国に広めていった。そして、バイエルで育った生徒たちが教師になると、またバイエルを教材に使うようになり、以後100年以上ものあいだ、この繰り返しが行われてきた。

こうして日本全国に、しっかりとバイエルが定着するようになったのである。

メーソンはバイエルのほかに歌唱やダンスの練習曲集、そして11台のアメリカ製ピアノを持ち込んでいるが、なんといってもバイエルを教材に採用したことが、彼の最大の功績として讃えられている。

当時、ヨーロッパではリストやブラームス、チャイコフスキーなどの才能が活躍していて、その頃のエピソードが残されている。

明治新政府の初代総理大臣についた伊藤博文が憲法研究のため渡欧したとき、ドイツのワイマール公国で催された祝典でリストのピアノ演奏を聴いた。

リストの巧みな演奏に感動した伊藤は、同行した西園寺《さいおんじ》公望《きんもち》に「あの者を音楽取調掛の教師に迎えようではないか」と問いかけた。

西洋音楽の事情などにはまったくうとい伊藤である。その伊藤の言葉にヨーロッパの文化に明るい西園寺は、「リストはすでに高名な音楽家ゆえ日本の音楽教師などとは、とても無理な相談です」と苦笑しながら答えたという。

伊藤の希望はかなわなかったが、もしリストが日本に来ていたら、日本のピアノ教育はまた違ったものになっていたに違いない。

音楽取調掛の4年生カリキュラムは、唱歌、箏《そう》、琴、和声楽、音楽史、音楽論などが必須科目だったが、なかでもピアノ演奏にもっとも比重が置かれ、4年間全学期でピアノ実習が行われた。

そのピアノ実習を指導したのが、「日本初のピアニスト」とも「日本初の女性音楽教師」ともいわれる永井繁子である。

## 鹿鳴館を飾る才女たちの演奏

1871年（明治4年）12月23日、岩倉具視《いわくらともみ》を全権大使として欧米諸国を歴訪する使節団が横浜港を出立した。

その使節団の中に大久保利通《おおくぼとしみち》、木戸孝允《きどたかよし》、伊藤博文ら維新の元勲や政府の高官とともにアメリカに渡航する女子留学生がいた。吉益亮子《よしますりょうこ》（15歳）、上田悌子《うえだていこ》（15歳）、山川捨松《やまかわすてまつ》

（12歳）、津田梅子（6歳）、そして永井繁子（9歳）という少女たちである。彼女たちは、外国でピアノの稽古を受けた最初の日本人とされる。

ワシントンに渡った彼女たちは、当初は異国の習慣に戸惑いもしたが、しだいに溶け込み、学校生活にも慣れ親しんでいった。

亮子と梯子はホームシックにかかったうえ病気になって1年足らずで帰国したが、繁子ら3人はピアノの練習に励み、またアメリカの生活文化を吸収しながらワシントンでの生活を謳歌《おうか》した。

3人の中で梅子だけ生涯独身を通し、のちに女子英学塾（現津田塾大学）を創設したことは有名だが、この学校創設に繁子と捨松が尽力し、3人は終生深い友情で結ばれた。

梅子は小学校卒業後、アーチャー・インスティチュートという女学校に入学し、一般教養を学びながらピアノのレッスンにも精進する。

学校の文化祭などでも演奏を披露するほどの腕を上げ、卒業式ではアメリカの生徒をさしおいて、ヘイズ大統領夫人の面前で堂々とピアノを弾き、拍手喝采を浴びるまでになっていた。その梅子を上回る腕をもっていたのが繁子だった。

繁子は小・中学校を卒業すると、捨松と一緒にニューヨークの名門バッサー・カレッジに進学。捨松は普通学科で学び、繁子は芸術学科の音楽を専攻した。

バッサー・カレッジのキャンパスでは、毎月「音楽の夕べ」というコンサートが開かれてい て、繁子はそのコンサートにつねに出演し、学生のあいだでピアノの名手と評判を取った。卒業する最後のコンサートでは難度の高いショパンの曲を演奏し、彼女の卓越した技量に教授たちは感嘆の声を漏らしたという。

1881年(明治14年)、繁子は10年間のアメリカ生活を終えて帰国すると、ピアノの実力を買われて、翌年に音楽取調掛の音楽教師に招聘《しょうへい》された。

繁子はバッサー・カレッジで学んだピアノ教本を用いて指導を行い、のちに女子高等師範学校(現お茶の水女子大学)と東京音楽学校の教授を兼任。日本人として初のピアノ独演会を開き、また日本人女流ピアニストの先駆者といわれる幸田延《こうだのぶ》(作家幸田露伴の妹)を育てるなど、日本のピアノ教育を担う中心的存在となった。

1883年(明治16年)年11月、鹿鳴館《ろくめいかん》の舞踊室で、ぎこちなくステップを踏む政府高官の夫人たちを前にピアノを弾く繁子の姿があった。

鹿鳴館は、国賓や諸外国の外交官を接待するために明治新政府によってオープンした社交場である。旧薩摩藩上屋敷跡（東京都千代田区内幸町）に建てられた煉瓦《れんが》造りの瀟洒《しょうしゃ》な洋館で、ピアノや小規模なオーケストラの演奏をバックに連日、舞踏会が開かれていた。

しかし、当初は日本人の男女とも西洋のダンスができる者はほとんどいなかった。男女が手に手を取って抱き合い、音楽に合わせて踊る光景は日本人には異様に映り、尻込みして多くは〝壁の花〟になっていた。

そこで政府は、外国人のダンス教師を雇い、夫人たちを集めてダンス講習会を開いた。そのダンスのピアノ伴奏に、音楽取調掛で音楽教師をしていた繁子が頼まれたのである。

講習会の効果はだんだん現れ、夫人たちはそれなりにダンスをマスターしていった。そして1887年（明治20年）に鹿鳴館が閉館されるまで舞踏会は続けられ、ひと頃は繁子の1年後に帰国した捨松と梅子も、繁子とともに〝鹿鳴館の麗人〟となった。

彼女たちはダンスがうまいだけでなく、アメリカで培った英語はもちろんのこと、洗練された西洋流のマナーやエチケットを身につけていたため、多くの人の注目を集めたのである。

なかでもひときわ美人で、日本人離れしたプロポーションで流暢《りゅうちょう》な英語を使う捨松は「鹿鳴館の華」と呼ばれた。彼女たちは西欧化時代を生きる上流婦人たちのあこがれとなり、新しい時代を体現する女性の象徴となった。

## 良家の子女に広がるピアノブーム

繁子は学校で教鞭《きょうべん》をとるかたわら、たびたびピアノコンサートを開いた。西洋のドレスで着飾り、華麗に鍵盤を操る繁子のエレガントな姿は、良家の子女たちの胸を熱くし、彼女たちの間に広がりつつある明治大正期のピアノブームを牽引した。

良家の子女たちのピアノブームの一端をうかがわせる新聞記事がある。1915年（大正4年）3月21日付大阪毎日新聞の「流行《はやり》だしたピアノ」という記事である。

「ヴアイオリンがやや下火になりかけた頃からピアノが流行し始めましたが何しろ高価な楽器でお粗末なもので三百三十円は出さなければなりませんから普通の家庭で無暗《むやみ》に買へるものでは無し、従ってヴアイオリンのやうに流行期間が短くはないだらうと存知ます。

一体娘に洋楽をやらせる家庭は東区部内に多いやうです。つまり東区辺は他区に比較すると富裕な家庭が多いからでせうが、趣味の差もあるかも知れません。お父さんが謡曲をする家では娘さんは大抵洋楽を勉強して居るし、お父さんが義太夫をする家では娘さんは三味線を習ふと云う具合になって居ります。今のところ最も有望なのはピアノで、ギターとかマンドリンとか、外《ほか》の洋楽器は大阪では殆ど見ることは出来ません」

330円は今日の35万円ほどに相当するから、安物であっても、ピアノは上流家庭にしか買えない高価な楽器だったことがわかる。また、娘たちのあいだでヴァイオリンの流行が下火になり、代わってピアノが流行し始めたことがうかがえる。

1925年（大正14年）年2月13日の大阪毎日新聞には、「素晴らしいピアノの売行」と題して、次のような記事も載っている。

「昔から嫁入前の良家の子女はきまつて琴の稽古をしたもので、琴といふものが嫁入道具の必需品であつたが、女子の学校教育が盛んになり、西洋音楽が漸《ようや》く家庭にも浸潤《しんじゅん》して来るに従つて、ピアノが琴に代わって新しい嫁入道具として確固たる地位を占めて来た。大阪市内の目星《めぼ》しい各楽器店で聞くと、この十年来ぼつぼつと売れ始めて今日では一楽器店少なくとも一年で三百台は売れて行くさうである」

ここでは、かつて良家の子女の習い事といえば琴がお決まりだったが、いまでは嫁入道具になるほどになっているピアノに取って代わられていることが書かれている。

明治の文豪夏目漱石はいくつかの作品で、ピアノを弾く女性たちを登場させている。『それから』（明治43年）では、主人公長井代助の兄嫁梅子は西洋音楽が好きで、自分もピアノを弾く。また、梅子の娘の縫子はピアノを習っている。

「客間でピヤノの音がした。（中略）嫂《あによめ》がピヤノを前に腰を掛けて両手を動かして居た。（中略）ピヤノの音を聞いて嫂や姪の白い手の動く様子を見て」と書かれている。

『門』（明治44年）では、主人公野中宗助の大家で資産家坂井の娘は毎日ピアノを弾いている。「大勢の子供が崖の上に出て騒ぐことがなくなったが、ピヤノの音が毎晩する。（中略）ピヤノを弾くのは惣領《そうりょう》の娘で十二三になると云う事やら」とある。

また、未完に終わった『明暗』（大正6年）では、主人公津田由雄の義理の兄夫婦の娘継子は女学校を卒業後、お茶、お花、絵画、料理、語学のほかピアノも習っている。

継子が家でピアノを教えている妹の百合子を「お止しなさいよ。百合子さん。そんな意地の悪い事するのは。いいわ、そんなら、もうピヤノを浚《さら》って上げないから」と、たしなめる場面がある。

漱石作品に登場する多くの女性は、東京山の手に住む裕福な家の者である。ピアノは高価な楽器であることから、ピアノを弾く彼女たちは、みな良家の妻や娘であり、ピアノは資産家のステータスシンボルとして描かれている。

漱石はいくぶん西洋かぶれのところがあったようで、またハイソな気分に浸りたかったのか、私生活において『それから』の前年に刊行した『三四郎』の印税で、長女の筆子にピアノを買いあたえている。

## ピアノの大衆化を推し進めた「音楽教室」

明治大正期を通じて、「ピアノは良家の子女たちの習い事」というイメージが形成されていった。当時はヴァイオリンも彼女たちの習い事ではあったが、ピアノはヴァイオリンよりも購入代金がはるかに高かったからである。

つまり、ピアノをたしなむことのできるのは、一部の上流階級にあたえられた特権であるかのようにとらえられていた。実際、一般の家庭では高価なピアノの購入や、またレッスン代も高かったため、そんな経済的余裕などない。したがって、ピアノを習うことができるのは、必然的に上流階級の家庭のお嬢さまということになる。

この社会認識は、昭和の終戦直後まで長く続いた。しかし、戦後の大衆消費社会が進展していくなかで、様相は変化していき、ピアノはだんだん一般家庭にも手の届くものになっていった。女子のいる家庭では、ピアノを買いあたえて習わせるようになったのである。

その背景には高度成長期やバブル経済期の好景気があったが、とはいえ、景気がよければ高くともOKと、すぐに飛びつくというものでもない。

そこには、ピアノの大衆化、学習化を仕掛けた二大ピアノメーカー、ヤマハとカワイの存在があった。子どものための音楽教室を全国的に展開したのである。

1954年（昭和29年）にヤマハがヤマハ音楽教室を、その2年後にカワイがカワイ音楽教室を開設。ピアノ学習者の裾野を広げるために学習環境の整備に取り組んだ。

当時の音楽教室は個人経営がほとんどで、生徒にバイエルの教則本をあたえて個人レッスンを行うのが一般的だった。

しかし、ピアノに初めてふれる子どもが、楽譜を読んで演奏するのは容易ではなく、挫折してしまうことも多かった。

そこで、楽譜の読み取りからレッスンを始めるのではなく、まず聴いた曲のメロディーを〝そら〟で歌えるようにし、覚えたメロディーを今度は「ドレミ」で歌い、次に、それをピアノで弾いてみるというメソッドを採り入れたのである。

また、生徒たちが一緒に楽しく学べる空間づくりや、生徒や親同士のコミュニケーションを育てるためにグループレッスン形式の授業を行った。

この音楽教室ビジネスは功を奏し、生徒数150人でスタートしたヤマハ音楽教室だけでも、10年後には教室数6000、生徒数20万人の規模に拡大、急成長を遂げた。

ヤマハとカワイによるピアノ普及戦略は、単に製品を売るだけでなく、子どもたちにピアノを弾く楽しさを伝えることに成功したのである。

その結果、日本のピアノ普及率は一気に世界のトップクラスに押し上げられ、それにともなって、ピアノが人気の高い習い事になっていることは第1章で述べたとおりである。

第4章

# 幸せを育む音楽の力

# 音楽でアップする幸福度

## “四つ葉のクローバー”で幸福度が決まる

唐突な話だが、人は誰しも幸せになりたいと願っている。「幸せ」は人間共通の願いだが、では幸せとは何か。幸せとはどんなことを言うのだろう。

たくさんお金があること。好きな人と一緒にいられること。仕事が順調であること。おいしいものを食べられること。夢がかなえられること……など、幸せのかたちは人それぞれ。聞けば、百人百様の答えが返ってくるだろう。

「幸せ」は人生の身近なテーマである。誰もが、一度は幸せについて考えたことがあるのではないか。

「すべての人は幸福になることを探し求めている。それには例外がない。どんな異なった方法を用いようと、みんなこの目標に向かっている」

これはフランスの哲学者パスカルの著書『パンセ』の中の言葉だが、そのとおりだろう。これに異論を唱える人はいないと思う。

では、どうすれば幸せになれるのだろうか。

「幸福度」研究の第一人者として知られる慶應義塾大学の前野隆司教授によると、人の幸せは4つの要素で決まることがわかったという。

前野教授は15歳から79歳の男女1500人にアンケート調査をして、人生の満足度や幸福度にどんな心的な要因が影響するか調べた。楽観性やユーモア、愛情、親切心など幸せに関連しそうな87個の質問をして分析。すると、幸せに影響する要因は4つにまとめられた。

そして前野教授は、その4つの要因を次のように名づけた。

①「やってみよう！」因子（自己実現と成長）
②「ありがとう！」因子（つながりと感謝）
③「なんとかなる！」因子（前向きと楽観）
④「あたらしく！」因子（独立とマイペース）

①は、「自分の長所を生かしているか」「自分が成長していると感じるか」などの要素。自分の長所を把握し、夢や目標をもって、その実現のためにチャレンジし、クリアしていくことが幸福度アップにつながる。

②は、「人にやさしくしているか」「感謝したいことがたくさんあるか」などの要素。他人や社会と愛情に満ちた関係を築き、つねに感謝の気持ちをもつことによって幸せを感じる。

③は、「何事もよいほうに考えることが多いか」「失敗をくよくよと引きずらないか」などの要素。物事をなるべくポジティブにとらえ、「きっと、どうにかなる」とプラスの面に目を向けることで幸せな気持ちになれる。

④は、「他人と比べず自分らしくやっているか」「人目を気にしないで物事に取り組めるか」などの要素。人と比較して安心感を得ようとするのではなく、自分をしっかりもって無理せず人生を歩むことが幸せにつながる。

前野教授は、この4つの要素を食事にたとえて、次のように解説する。

「やってみよう！」因子が糖質・脂質・タンパク質、「ありがとう！」因子がビタミン・ミネラルの五大栄養素とするなら、「なんとかなる！」因子は調味料といったところ。そして、「あたらしく！」因子は調理器具や食器みたいなもの。

つまり、「やってみよう！」因子と「ありがとう！」因子は、栄養のために必要不可欠なもの。「なんとかなる！」因子と「あたらしく！」因子は、正しくおいしい料理のために必要不可欠なもの。どれが欠けても、正しくおいしい食事にならない。この4つの要素がそろうと幸せになれるというわけである。

そのためには、4つを意識してバランスよく行動することが大切だと前野教授は説き、この4つを「幸せの四葉のクローバー」と呼んでいる。

## なぜ幸福度がアップするのか

幸福度を高める4つの因子を導き出した前野教授は、ピアノなど音楽を学ぶと、この4つの因子が有効にはたらき、高感度アップにつながることを報告している。

前野教授は、子ども時代に音楽の習い事を経験した人と、未経験な人における「幸福度」についてヤマハ音楽振興会と共同調査を行った。

調査対象は、25歳から34歳の未婚、子どもなしの社会人男女２７００人。内訳は、音楽の習い事の経験者１３００人（男性６５０人、女性６５０人）、非経験者１４００人（男性７００人、女性７００人）。

図は、設問の回答を次のように7点満点に換算し、各因子の合計得点から平均点を算出したものである。

**設問回答の得点**

7点　非常にあてはまる
6点　だいたいあてはまる
5点　少しあてはまる
4点　どちらとも言えない
3点　あまりあてはまらない
2点　ほとんどあてはまらない
1点　まったくあてはまらない

## 「やってみよう！」因子（自己実現と成長）

●私はとても有能である

| | 平均点 | 未経験者との差 |
|---|---|---|
| 音楽系の習い事　経験者 (n=1300) | 3.34 | +0.06 |
| 未経験験者 (n=1400) | 3.28 | |

●私のこれまでの人生は、変化、学習、成長に満ちている

| | 平均点 | 未経験者との差 |
|---|---|---|
| 音楽系の習い事　経験者 (n=1300) | 3.66 | +0.06 |
| 未経験験者 (n=1400) | 3.60 | |

●今の自分は『本当になりたかった自分』である

| | 平均点 | 未経験者との差 |
|---|---|---|
| 音楽系の習い事　経験者 (n=1300) | 3.02 | -0.05 |
| 未経験験者 (n=1400) | 3.07 | |

●私は、社会の要請に応えている

| | 平均点 | 未経験者との差 |
|---|---|---|
| 音楽系の習い事　経験者 (n=1300) | 3.34 | -0.02 |
| 未経験験者 (n=1400) | 3.36 | |

| | 合計平均点 | 未経験者との差 |
|---|---|---|
| 音楽系の習い事　経験者 (n=1300) | 13.36 | +0.05 |
| 未経験験者 (n=1400) | 13.31 | |

＊n= 調査対象数

## 「ありがとう！」因子（つながりと感謝）

●私を大切に思ってくれる人達がいる

| | 平均点 | 未経験者との差 |
|---|---|---|
| 音楽系の習い事　経験者 (n=1300) | 4.62 | +0.47 |
| 未経験験者 (n=1400) | 4.15 | |

●私は、人生において感謝することがたくさんある

| | 平均点 | 未経験者との差 |
|---|---|---|
| 音楽系の習い事　経験者 (n=1300) | 4.88 | +0.31 |
| 未経験験者 (n=1400) | 4.57 | |

●私は常に日々の生活において、他者に親切に手助けしたいと思っている

| | 平均点 | 未経験者との差 |
|---|---|---|
| 音楽系の習い事　経験者 (n=1300) | 4.60 | +0.20 |
| 未経験験者 (n=1400) | 4.40 | |

●人の喜ぶ顔が見たい

| | 平均点 | 未経験者との差 |
|---|---|---|
| 音楽系の習い事　経験者 (n=1300) | 4.98 | +0.25 |
| 未経験験者 (n=1400) | 4.73 | |

| | 合計平均点 | 未経験者との差 |
|---|---|---|
| 音楽系の習い事　経験者 (n=1300) | 19.08 | +1.23 |
| 未経験験者 (n=1400) | 17.85 | |

＊n= 調査対象数

## 「なんとかなる！」因子（前向きと楽観）

●私はものごとが思い通りにいくと思う

| | 平均点 | 未経験者との差 |
|---|---|---|
| 音楽系の習い事　経験者 (n=1300) | 3.20 | -0.00 |
| 未経験験者 (n=1400) | 3.20 | |

●私は学校や仕事での失敗や不安な感情をあまり引きずらない

| | 平均点 | 未経験者との差 |
|---|---|---|
| 音楽系の習い事　経験者 (n=1300) | 3.39 | -0.19 |
| 未経験験者 (n=1400) | 3.58 | |

●自分は人生で多くのことを達成してきた

| | 平均点 | 未経験者との差 |
|---|---|---|
| 音楽系の習い事　経験者 (n=1300) | 4.06 | -0.03 |
| 未経験験者 (n=1400) | 4.09 | |

●私は他者との近しい関係を維持することができる

| | 平均点 | 未経験者との差 |
|---|---|---|
| 音楽系の習い事　経験者 (n=1300) | 3.78 | +0.10 |
| 未経験験者 (n=1400) | 3.68 | |

| | 合計平均点 | 未経験者との差 |
|---|---|---|
| 音楽系の習い事　経験者 (n=1300) | 14.43 | -0.12 |
| 未経験験者 (n=1400) | 14.55 | |

＊n= 調査対象数

## 「あなたらしく！」因子（独立とマイペース）

●テレビを見るときはあまり頻繁にチャンネルを切り替えない

| | 平均点 | 未経験者との差 |
|---|---|---|
| 音楽系の習い事　経験者 (n=1300) | 4.44 | -0.06 |
| 未経験験者 (n=1400) | 4.50 | |

●自分自身についての信念はあまり変化しない

| | 平均点 | 未経験者との差 |
|---|---|---|
| 音楽系の習い事　経験者 (n=1300) | 3.97 | +0.06 |
| 未経験験者 (n=1400) | 3.90 | |

●私は自分のすることと他者がすることをあまり比較しない

| | 平均点 | 未経験者との差 |
|---|---|---|
| 音楽系の習い事　経験者 (n=1300) | 3.92 | +0.04 |
| 未経験験者 (n=1400) | 3.88 | |

●私に何ができて何ができないかは外部の制約のせいではない

| | 平均点 | 未経験者との差 |
|---|---|---|
| 音楽系の習い事　経験者 (n=1300) | 4.69 | +0.13 |
| 未経験験者 (n=1400) | 4.56 | |

| | 合計平均点 | 未経験者との差 |
|---|---|---|
| 音楽系の習い事　経験者 (n=1300) | 17.02 | +0.18 |
| 未経験験者 (n=1400) | 16.84 | |

＊n= 調査対象数

調査の結果、幸福感を構成する4つの因子のうち3つで、経験者が未経験者に比べて得点が高かった。とくに差が生じたのは「ありがとう！」因子（+0・23点）だった。

これはつまり、子どもの頃に音楽を学んだことがある大人は、トータル的に幸福度が高く、とくに「ありがとう！」因子において幸福度が強いことを表している。

このことから、子どもの頃に音楽を学んだことで社会とのつながりや、人への感謝の心が育ったと実感している人が多くいることがわかる。


たとえば、アンサンブルでミスのない理想的な演奏をするためには、お互いを尊重したり、苦手な部分をフォローしたりしながら、ひとつの音楽をつくりあげていく。

こうした積み重ねから、人とのつながりを大事にしたいという願いが生まれ、人と人とのつながりが育まれていく。そして、お互いに認め合う気持ちの中から、「ありがとう」の感謝の念が生まれ、感謝されることで喜びを感じ、幸福感が萌《も》えたつのだろう。

# 高められるさまざまな能力

## いま、求められている多様性社会

世界中で増え続けてる移民や難民に関連して、「多様性」という言葉が広く取りあげられている。多様性とはひと口で言うと、世界の人々が人種、性別、年齢、言語、文化、宗教など、さまざまな違いを超えて理解し合い、社会の普遍性を目指す思想である。英語では「diversity（ダイバーシティ）」と表される。

化学物質にたとえるとわかりやすい。

化学物質は、同じ性質をもつものが混ざっても何も発生しないが、性質が違う物質が混じり合うと反応して別の物質が発生したりする。この現象と同じように、同じ考え方や意見の人が話し合っても、同意の場ができるだけで何も生まれないが、異なる考え方や意見の人が議論するとき、新たな考え方や物の見方が生まれる可能性がある。違いがあることによって、その違いを考えることで理解が深まり、お互いに刺激し合い、影響し合って、そこから人間としての成長や進歩が生まれる。だから、多様性は重要だという考え方である。

多様性を考える好例がある。2019年9月から熱戦が繰り広げられたラグビーワールドカップ日本大会である。大会では日本代表選手が31人選ばれたが、そのうち外国人選手は15人を数えた。

その出身国はニュージーランド、南アフリカ、サモア、トンガ、オーストラリア、韓国と実に多彩。人種も言語も文化も違った選手たちである。そのさまざまな国の選手たちがひとつにまとまって戦った。「ワンチーム」「ワンカントリー」という言葉も生まれ、多くの観戦者を感動させた姿は多様性を語るにふさわしいシーンだった。

いま、コンビニや飲食店などで東南アジアや南米の人たちが片言の日本語を駆使しながら、働いている光景はめずらしくない。こうした海外からの労働者はグローバル化が進むなかで、今後さらに増していき、ますます多様性が求められる時代を迎えるに違いない。

なぜ、ここで多様性の話をしたかというと、多様性が音楽と深い関係にあるからである。

ブラインドサッカーという競技がある。プレイヤーがアイマスクをつけて行う5人制のサッカーだ。

フィールドプレイヤーとなる視覚障がい者4名と、キーパーとなる健常者1名がプレイし、鈴の入ったボールの音と周囲の声を頼りにゴールを奪い合う。２００４年からパラリンピックの競技種目にもなっているスポーツである。

日本ブラインドサッカー協会では、「ブラインドサッカーを通じて視覚障がい者と健常者が当たり前に混ざり合う社会を実現すること」をビジョンに掲げ、健常者に向けてブラインドサッカーのワークショップを行っている。

ワークショップでは、参加者は競技の中で「目が見えない」という日常とは異なる不自由な状況に置かれ、他者のアシストが必要な状態になる。

そこで、その状況をチームワークで乗り切るために必要な、さまざまなことを改めて認識する。そして、そこから得られた認識は、多様性への適応力につながるのだという。

前野教授によると、多様性に対する適応する力「多様性適応力」は、8つの要素で構成されるという。「個性を発揮する力」「挑戦意欲」「俯瞰《ふかん》力」「創造力」「利他精神」「許容力」「信頼関係構築力」「コミュニケーション力」の8つである。

この8つが、いろいろな人間が集まる中で、それぞれ個性を発揮し、互いに個性を認め合い、活かし合うことで、物事が達成される力となる。

## 音楽が多様性適応力を高める

前野教授とヤマハ音楽振興会は、音楽と多様性適応力の関係についても幸福度と同様の調査を行った。図は設問の回答を「幸福度と音楽経験の関係」と同じく、次のように7点満点に換算し、各要素の項目の平均点と総合平均点を算出したものである。

**設問回答の得点**

7点　非常にあてはまる

6点　だいたいあてはまる

5点　少しあてはまる
4点　どちらともいえない
3点　あまりあてはまらない
2点　ほとんどあてはまらない
1点　まったくあてはまらない

その結果、8つの能力要素のすべてで、音楽系の習い事の経験者が高い傾向にあることがわかった。とくに差が生じたのは「信頼関係構築力（+0・22点）」で、音楽を学ぶなかでこうした能力が開発される可能性があることを示している。

先の幸福度もそうだが、この統計調査では「調査の範囲においては音楽の習い事経験者は○○が高い傾向にあった」とまでしか言えないが、とはいえ、音楽が幸福度や多様性適応力に少なからずよい影響をあたえていることは間違いないのではないか。その点で興味深いデータではある。

## 多様性適応力：個性を発揮する力

●自分の個性を集団の中で発揮することが多い

| | 平均点 | 未経験者との差 |
|---|---|---|
| 音楽系の習い事　経験者 (n=1300) | 3.72 | +0.21 |
| 未経験験者 (n=1400) | 3.51 | |

●多様な人が集まる中でも自分の良さを発揮できる

| | 平均点 | 未経験者との差 |
|---|---|---|
| 音楽系の習い事　経験者 (n=1300) | 3.65 | +0.13 |
| 未経験験者 (n=1400) | 3.52 | |

●周りに気を使うことなく自分の意見を言い出せる

| | 平均点 | 未経験者との差 |
|---|---|---|
| 音楽系の習い事　経験者 (n=1300) | 3.42 | +0.08 |
| 未経験験者 (n=1400) | 3.50 | |

●様々な人が集まる中でも自分のアイデアを提案することが得意だ

| | 平均点 | 未経験者との差 |
|---|---|---|
| 音楽系の習い事　経験者 (n=1300) | 3.44 | -0.11 |
| 未経験験者 (n=1400) | 3.55 | |

総合平均点

| | 総合平均点 | 未経験者との差 |
|---|---|---|
| 音楽系の習い事　経験者 (n=1300) | 3.56 | +0.04 |
| 未経験験者 (n=1400) | 3.52 | |

＊n= 調査対象数

## 多様性適応力：挑戦意欲

●様々な場面で挑戦意欲を発揮している

| | 平均点 | 未経験者との差 |
|---|---|---|
| 音楽系の習い事　経験者 (n=1300) | 3.70 | +0.15 |
| 未経験験者 (n=1400) | 3.55 | |

●これまでにやったことのないことにも精力的に取り組める

| | 平均点 | 未経験者との差 |
|---|---|---|
| 音楽系の習い事　経験者 (n=1300) | 3.96 | +0.29 |
| 未経験験者 (n=1400) | 3.67 | |

●普段から新しいことや異質なことを取り入れることの大切さを知っている

| | 平均点 | 未経験者との差 |
|---|---|---|
| 音楽系の習い事　経験者 (n=1300) | 4.28 | +0.27 |
| 未経験験者 (n=1400) | 4.01 | |

●難易度が高い課題でもとりあえずやってみようと思う

| | 平均点 | 未経験者との差 |
|---|---|---|
| 音楽系の習い事　経験者 (n=1300) | 3.84 | -0.06 |
| 未経験験者 (n=1400) | 3.90 | |

総合平均点

| | 総合平均点 | 未経験者との差 |
|---|---|---|
| 音楽系の習い事　経験者 (n=1300) | 3.95 | +0.17 |
| 未経験験者 (n=1400) | 3.78 | |

＊n= 調査対象数

## 多様性適応力：俯瞰力

●普段から集団全体を見渡して運営することができる

| | | 未経験者との差 |
|---|---|---|
| 音楽系の習い事　経験者 (n=1300) | 3.74 | +0.11 |
| 未経験験者 (n=1400) | 3.63 | |

●一見関連性がないように思えることでも共通点を発見する力を持っている

| | | |
|---|---|---|
| 音楽系の習い事　経験者 (n=1300) | 4.00 | +0.19 |
| 未経験験者 (n=1400) | 3.81 | |

●物事を俯瞰的に捉えることの大事さを知っている

| | | |
|---|---|---|
| 音楽系の習い事　経験者 (n=1300) | 4.43 | +0.26 |
| 未経験験者 (n=1400) | 4.17 | |

●物事を多面的に理解することができる

| | | |
|---|---|---|
| 音楽系の習い事　経験者 (n=1300) | 4.08 | -0.09 |
| 未経験験者 (n=1400) | 4.17 | |

総合平均点

| | | |
|---|---|---|
| 音楽系の習い事　経験者 (n=1300) | 4.06 | +0.11 |
| 未経験験者 (n=1400) | 3.95 | |

＊n= 調査対象数

## 多様性適応力：創造力

●人が思いつかないような斬新なアイデアを出すことが多い

| | | 未経験者との差 |
|---|---|---|
| 音楽系の習い事　経験者 (n=1300) | 3.65 | +0.13 |
| 未経験験者 (n=1400) | 3.52 | |

●色々と工夫して新しい物を作り出す力を持っている

| | | |
|---|---|---|
| 音楽系の習い事　経験者 (n=1300) | 3.83 | +0.20 |
| 未経験験者 (n=1400) | 3.63 | |

●今までの価値観に捉われずに自由に発想することの大事さを知っている

| | | |
|---|---|---|
| 音楽系の習い事　経験者 (n=1300) | 4.38 | +0.22 |
| 未経験験者 (n=1400) | 4.16 | |

●他分野の事例を自分に結び付けて考えるのは得意だ

| | | |
|---|---|---|
| 音楽系の習い事　経験者 (n=1300) | 3.92 | -0.08 |
| 未経験験者 (n=1400) | 4.00 | |

総合平均点

| | | |
|---|---|---|
| 音楽系の習い事　経験者 (n=1300) | 3.95 | +0.12 |
| 未経験験者 (n=1400) | 3.83 | |

＊n= 調査対象数

## 多様性適応力：利他精神

●常に周囲の人々の気持ちに配慮している

| | 平均点 | 未経験者との差 |
|---|---|---|
| 音楽系の習い事　経験者 (n=1300) | 4.51 | +0.19 |
| 未経験験者 (n=1400) | 4.32 | |

●周りの人を思いやりながらチームに貢献できる

| | | |
|---|---|---|
| 音楽系の習い事　経験者 (n=1300) | 4.32 | +0.21 |
| 未経験験者 (n=1400) | 4.11 | |

●他人の考えていることを推し量るのが得意だ

| | | |
|---|---|---|
| 音楽系の習い事　経験者 (n=1300) | 4.06 | +0.08 |
| 未経験験者 (n=1400) | 3.98 | |

総合平均点

| | | |
|---|---|---|
| 音楽系の習い事　経験者 (n=1300) | 4.30 | +0.16 |
| 未経験験者 (n=1400) | 4.14 | |

＊n= 調査対象数

## 多様性適応力：許容力

●例え嫌いな人と同じチームになったとしても上手くやっていけることが多い

| | | 未経験者との差 |
|---|---|---|
| 音楽系の習い事　経験者 (n=1300) | 3.78 | +0.12 |
| 未経験験者 (n=1400) | 3.66 | |

●メンバー間で不和が起きても仲を取り持って物事を進めていくことができる

| | | |
|---|---|---|
| 音楽系の習い事　経験者 (n=1300) | 3.80 | +0.11 |
| 未経験験者 (n=1400) | 3.69 | |

●自分と他人との違いを受け入れるのが得意だ

| | | |
|---|---|---|
| 音楽系の習い事　経験者 (n=1300) | 4.28 | +0.04 |
| 未経験験者 (n=1400) | 4.24 | |

総合平均点

| | | |
|---|---|---|
| 音楽系の習い事　経験者 (n=1300) | 3.95 | +0.16 |
| 未経験験者 (n=1400) | 3.86 | |

＊n= 調査対象数

## 多様性適応力：信頼関係構築力

●色々な人と信頼関係を構築できることが多い

| | 平均点 | 未経験者との差 |
|---|---|---|
| 音楽系の習い事　経験者 (n=1300) | 3.94 | +0.17 |
| 未経験験者 (n=1400) | 3.77 | |

●仲間と支え合って物事を進めることができる

| | | |
|---|---|---|
| 音楽系の習い事　経験者 (n=1300) | 4.27 | +0.34 |
| 未経験験者 (n=1400) | 3.93 | |

●同じグループの人に安心感を与えるのが得意だ

| | | |
|---|---|---|
| 音楽系の習い事　経験者 (n=1300) | 4.14 | +0.15 |
| 未経験験者 (n=1400) | 3.99 | |

| | 総合平均点 | |
|---|---|---|
| 音楽系の習い事　経験者 (n=1300) | 4.12 | +0.22 |
| 未経験験者 (n=1400) | 3.90 | |

＊n= 調査対象数

## 多様性適応力：コミュニケーション力

●自分の考えを相手に正しく理解してもらえることが多い

| | | 未経験者との差 |
|---|---|---|
| 音楽系の習い事　経験者 (n=1300) | 3.82 | +0.15 |
| 未経験験者 (n=1400) | 3.67 | |

●相手の表現を正しく理解することができる

| | | |
|---|---|---|
| 音楽系の習い事　経験者 (n=1300) | 4.15 | +0.28 |
| 未経験験者 (n=1400) | 3.87 | |

●グループのメンバーと相互にコミュニケーションをとるのが得意だ

| | | |
|---|---|---|
| 音楽系の習い事　経験者 (n=1300) | 3.89 | +0.10 |
| 未経験験者 (n=1400) | 3.79 | |

●グループのすべてのメンバーに対してオープンになれる

| | | |
|---|---|---|
| 音楽系の習い事　経験者 (n=1300) | 3.59 | +0.09 |
| 未経験験者 (n=1400) | 3.51 | |

| | 総合平均点 | |
|---|---|---|
| 音楽系の習い事　経験者 (n=1300) | 3.86 | +0.15 |
| 未経験験者 (n=1400) | 3.71 | |

＊n= 調査対象数

# 音楽を学ぶ、音楽を愉しむ

## 生徒全員が授業でピアノを習う開成中学

東京都荒川区西日暮里にある私立中高一貫校の男子校の開成学園は、東大合格者数で40年ものあいだ、首位を独走する超進学校である。

ちなみに2019年度の合格者数は187人。2位の麻布高校（東京）100人を2倍近く引き離している。以下、灘高校（兵庫）73人、桜蔭学園（東京）66人、栄光学園（神奈川）54人と、開成高校はダントツの合格者数を誇る。

名門進学校として全国にその名が知れ渡っている開成だが、独創的な音楽授業を行っていることはあまり知られていない。

東大合格者の2人に1人がピアノレッスンの経験者であることを第1章で述べたが、開成では中学において生徒全員が授業でピアノを習うのだ。

なぜピアノを習うのか。また、その授業とはどのようなものなのか。

授業は、演奏と創作（作曲）を念頭においたピアノ指導で、まず1年生の1学期に校歌の楽譜を書き写したり、和音（コード）の種類などの基礎を学ぶ。そして、2学期からはピアノの練習に入る。

音楽室には、ふたを閉めると机代わりになる電子ピアノが生徒1人に1台用意されていて、生徒たちは童謡の『ドナドナ』や、ジブリの曲『君をのせて』など初歩的な課題曲を伴奏付きで3学期まで練習する。ピアノを習っていた生徒は、この初期段階では物足りなく感じるので、ちょっと高度なクラシック音楽など、別メニューをあたえることもあるという。

2年生になると、1学期に創作の第一歩としてバッハのメヌエットを全員必須で学ぶ。そして、2学期には教えられた音楽理論をもとに自分で曲を作り、その演奏が期末テストとなる。

皆それぞれ個性的な作品に仕上げてくるが、とくに小さい頃からピアノを習ってきた生徒は、創意工夫に富んだ曲を作ってくるという。

さすがに優秀な生徒が集まっている開成である。わずか2年間の授業でオリジナル曲を作り、しかもその曲の演奏までやってのけてしまうのだ。

3年生になるとギターの指導が始まる。ギターもクラスの人数分が用意されていて、民族音楽などの授業も行われる。

中学校にもかかわらず、実に先進的な実践カリキュラムなのだが、この音楽授業はすでに退職されている、1人の熱心な音楽教師の発案から始まったという。その教師を仮にK先生としよう。

K先生が開成に着任した1980年代にさかのぼる。当時、授業は英語、数学、国語、理科、社会の5教科に力をそそぎ、音楽は形だけという授業だった。

なんとか音楽にも熱を入れたいと思ったK先生は、開成の生徒は理論的な思考が得意なことから、音楽理論とその理論をもとにした創作から授業を始めたいと考えた。そして、伴奏付きの演奏をするためには和音を出せる一般的な楽器が必要ということで、1、2年生はピアノ、3年生からはギターを採用したのだった。

同時に授業時間数も改めた。当時の公立中学校の音楽授業は、1年生と2年生は週に2

時間、3年生は週に1時間だったが、開成は1年生から3年生まで週に1時間と少なかったのだ。

週に1時間の授業では、充実した授業は期待できないと思ったK先生は、学校に申し出て1年生の授業時間を週2時間に増やしてもらった。

1993年に導入されたゆとり教育で、公立中学校の1年生の音楽の授業時間は週1・3時間に減ったが、開成は変わりなく週2時間の授業時間を維持して今日に至っている。

高校では音楽は選択科目となり、音楽を選択した生徒は、さらにピアノ、ギター、歌唱、作曲の4コースからひとつを選ぶ。K先生が指導した作曲コースでは、中学の3年間の授業実績に見合う東京藝術大学のテキストを使用。本格的に作曲を学ぶという。

ピアノ授業の賜物だろうか、東大進学のカラーが濃い開成の中にあって藝大に進学する生徒もいて、新国立劇場でオペラの指揮者として第一線で活躍している根本卓也氏など一流音楽家を輩出している。

また、卒業生で構成されるピアノ演奏のアマチュア団体「KP－I」の活動も盛んである。演奏者は医師、弁護士などそうそうたるメンバーで、年に2回ピアノコンサートを開いている。

## コンサートの交流で広がる音楽の輪

東京都目黒区にある東京大学駒場キャンパス。吹奏楽部やジャズ研究会などの音楽系サークルがひしめく部室棟からはトランペットやサックス、フルート、ヴァイオリン、ギター、ドラムなど、さまざまな楽器の音が入り乱れて聞こえてくる。

その部室棟の一室にピアノサークル「東京大学ピアノの会」がある。設立は1974年と、50年近い歴史をもつ。大学の音楽系サークルの草分け的存在である。

部屋には楽譜棚とテーブル、それに2台のグランドピアノ置かれていて、授業が終わったサークル仲間が集まってにぎわう。

サークルのコンセプトは「ピアノを愛する人々が集い、交流を深める」で、会員は常時約200名。文系サークルの中で最多の会員数を誇る大所帯である。子どもの頃からピアノに親しんできた学生が多い東大生ならではのサークルといえる。

会員のピアノの腕は、玄人はだしの演奏を披露する熟練者もいれば、下手だけれど楽しいから弾いているというレベルの者まで、実力はまちまちだが、とにかくピアノを愛してやまない学生のサークルだという。

メインの活動は年4回の定期演奏会のほか、他大学との合同コンサート、合宿やパーティーの開催、定例会議などを行っている。

会員には、文系より理学部や医学部などの理系の学生が圧倒的に多く、そのためか、ほとんどが感覚ではなく理論的に演奏を考える。曲の構成や解釈などを細かに分析し、そのうえで演奏の組み立てをして弾く共通の特徴があるという。

開成高校から東大に進学、東大ピアノの会で活動している工学部3年のM・J君は、サークルの魅力を次のように語る。

「五月祭のイベントでサークルの定期コンサートがあるのですが、入学したときにそれを見学して、けっこうプロ並みにうまくて感動し、即入会しました。

ピアノの会は、学内でも知らない学生がいないくらい有名で、ときどきテレビの音楽番組にも出演していたりしていて、名前が世間にもちょっと知られているようです。だから、人気があります。

ピアノの会に入るために東大に来る猛者《もさ》もいるくらいで、それにインターカレッジ制のサークルなので、音大や他の大学からの学生も入会してきます。とにかく楽器をやるならピアノが最高というピアノオタクの集まりで、ピアノに対する情熱はハンパなく活気があります。

僕自身、1台のピアノでオーケストラに対抗できるパフォーマンスができるのが、ピアノの一番の魅力だと思うし、貪欲に演奏できる充実感、楽しさをサークル活動に感じています」

この東京大学ピアノの会を中心に、東京にある6つの大学のピアノサークルで組織された「東京六大学ピアノ連盟」がある。

東京大学ピアノの会、慶応義塾大学ピアノ・ソサエティ、早稲田大学ピアノの会、明治大学ピアノの会、立教大学PIANOの会、そして上智大学ピアノの会の6つのサークル。通称「六連」と呼ばれている。

活動は、ピアノ演奏を基本にしているが、ヴァイオリンやフルートなどの楽器演奏も認めており、またジャンルもクラシックだけでなくジャズやロックと幅広い。

会員数は合計600名を超え、年4回の定期演奏会、サークル卒業生を招く企画公演、チャリティーコンサート、また公式ホームページの開設など、広範囲にわたる活動を行っている。

活動を通して、各大学のサークルをより活発化させるとともに演奏技術の向上を図るため、六連は交流を深め、音楽の輪を広げている。

こうした事例を見聞きすると、子どもの頃に習ったピアノには、その後の幸せにつながる可能性がひめられていると感じるのは筆者だけではないだろう

# 第5章

# 音楽が明日の「人間力」を創る

# リベラルアーツとしての音楽を学ぶ

## 自由人が身につけるべき知識・学問

近年、「リベラルアーツ（Liberal Arts）」という言葉が教育の分野でよく聞かれる。「自由人として生きるための技能」という意味をもつラテン語の「アルテスリベラーレス（Arts Liberales）」に由来し、今日では「教養教育」、もしくは「一般教養」などと訳される。その誕生は古代ギリシアまでさかのぼる。

古代ギリシアの都市では奴隷制度が敷かれ、人民は自由人と奴隷に分かれていた。そして、自由人は衣食住や生産など生活に関することは、すべて奴隷にまかせ、労働から解放されていた。物質的欲求は奴隷の労役によって満たされており、日常は平穏で退屈ですらある。

そこで知性を磨いて精神を高める欲求が芽生え、「人が生きるために必要な知識・学問」が学ばれるようになった。これがリベラルアーツの始まりである。

このリベラルアーツの概念は、やがて古代ローマに受け継がれ、「自由七科」という学問体系に定義される。おもに言語に関わる文法、修辞学、論理学の3科目と、おもに数学に関わる算術、幾何学、天文学、音楽の4科目の合計7科目をいう。

図は自由七科を表した絵である。真ん中の上部には哲学の女神が位置し、その下を哲学者のソクラテス（左）とプラトン（右）が支えている。そして、そのまわりを7人の女神が取り囲んでいて、真上から時計まわりに文法→修辞学→論理学→音楽→算術→幾何学→天文学を表している。

この7科は、哲学につながる学

▼「自由七科」の図

問であることを示しているが、それは哲学が7科の上位に位置し、7科を統治する学問と考えられていたからである。

また、音楽がなぜ数学系に属しているかというと、音の中に「ド・レ・ミ・ファ・ソ・ラ・シ・ド」という音階があるのを発見されたことによる。

発見者は、「万物は数である」という言葉で有名な、哲学者にして数学者のピタゴラスである。

ある日、ピタゴラスが町を散歩していると、鍛冶屋が2丁のハンマーで鉄を叩くカーン、カーンという音が聞こえてきた。耳を澄ましてよく聴くと、その音の中にきれいに響き合う音と、そうでないものがあることに気づいた。

不思議に思ったピタゴラスは鍛冶屋の家に行き、いろいろな形や種類の違うハンマーを手に取って調べてみた。

すると、きれいに響き合うハンマーどうしは、それぞれの重さのあいだに単純な整数の比があることがわかった。なかでも2丁のハンマーの重さの比が2：1の場合と、3：2の場合は、とくに美しく響き合う。

きれいに調和する響きの中に単純な整数の比が隠されていることを発見したピタゴラスは、弟子たちとともに音程について研究を始めた。そして、音には「ドレミファソラシド」という音階があることを見つけた。

この発見で、つまり調和する音には数学的な規則性・特性をもつことから、音楽は数学に入る学問として体系づけられたのである。

ピタゴラスは音楽について「弦の響きには、幾何学があり、天空の配置には、音楽がある」という名言を残している。

## プラトンの音楽賛美

プラトンが、ギリシアの青年たちの教育の場としてアテネ郊外に設立した学園アカデメイアでは、ピタゴラスの「数学としての音楽」を継承し、音楽を数学の一環として教えられた。

アカデメイアの教育は、心身の美的・調和的成長に重点が置かれ、音楽と体育の教育がもっとも重視された。音楽が心を育て、体育が体を育てる。この両面がバランスよく調和された人間を理想像としていた。

プラトンの師、ソクラテスが音楽について語った言葉が、プラトンの著『国家』の中に記されている。

「音楽・文芸による教育は、決定的に重要なのではないか。なぜならば、リズムと調べというものは、何にもまして魂の内奥へと深くしみこんでいき、何にもまして力づよく魂をつかむものなのであって、人が正しく育てられる場合には、気品ある優美さをもたらして、その人を気品ある人間に形作り、そうでない場合には反対の人間にするのだから」

ちなみに古代ギリシアのオリンピックでは、スポーツだけではなく、芸術の競技も同時に行われ、詩歌や楽器演奏の競い合いは、祭典に欠かせない重要な競技種目だったという。

また、プラトンは次のような音楽賛美の言葉も残している。

▼アカデメイアを描いたポンペイのモザイク画

音楽は、
世界に魂を、
心に翼を、
想像力に飛翔を、
悲しみに魅力を、
そして、あらゆるものに陽気さと生命力をあたえてくれる
それは秩序の本質であり、
また、善であり真であり美であるものすべてにつながっている。
言葉は目に見えない。
だが、だからいっそう、
魅惑的で、情熱的で、永遠なる形といえるのだ。

## 音楽は教養科目として大学で教えられた

古代ローマで体系づけられたリベラルアーツとしての音楽教育は、時を下って中世の頃になると、ほかの文化と同じようにキリスト教の強い影響を受け、おもにカトリック系の

修道院で行われた。

この時代は宗教音楽が栄え、教会の典礼（儀式）や聖歌を学ぶために音楽教育は不可欠な1科目として、キリスト教圏のヨーロッパ各地に広まった。

また、キリスト教的道徳観を手本とする騎士道精神が重んじられたため、戦場に赴く騎士を称える歌や楽器の演奏法なども教育された。

近世になると、ルネサンスによる宗教改革などで教育は宗教に支配されなくなり、文学や芸術を通して人間を解放する自由思想の機運が高まった。そして、音楽教育の環境が整備され、音楽は数学の一環としてではなく、芸術として、また人文学として教えられるようになっていく。

この機運に先鞭《せんべん》をつけたのはドイツの大学で、ベルリン大学やゲッティゲン大学では、基礎教養として音楽を必須科目に組み入れた。

近代に入ると、基礎教養としての音楽はドイツからアメリカに伝わり、全米最古の大学であるハーバードをはじめとする各大学に普及して今日にいたる。

ここで注目すべきは、音楽が音楽家を養成するための職業教育として音楽学校で教えられたのではなく、教養科目として一般大学で教えられてきたということである。

このようにヨーロッパやアメリカの大学で、音楽が教養科目として教えられてきたことは、とりもなおさず、教養人になるためには音楽の素養が求められたことを意味する。

古代ギリシアを源流とするリベラルアーツとしての音楽は、必ずしも歌や楽器演奏を会得するということではなく、音楽を教養としてとらえ、豊かな批評精神をもつ知性の育成を理想としているのである。

# 音楽とアメリカの高校生

## 豊かな人間性を育てるリベラルアーツ教育

古代ギリシアをルーツとし、長い歴史の中で少しずつ変遷を重ねながらも受け継がれてきたリベラルアーツの理念は、いまアメリカの高校でもっとも実践されている。

アメリカの高校は、日本と同じように公立と私立に大別されるが、私立高校がいわゆる大学進学校として位置づけられている。また、私立高校には通学制のデイスクール（day school）と寮制のボーディングスクール（boading school）がある。

ボーディングスクールは、ハーバードやコロンビア、プリンストンなどアイビーリーグをはじめとする全米の名門大学に進学する優秀な生徒が数多く集まる高校として知られる。

このボーディングスクールを例に、リベラルアーツ教育とその取り組みなどを紹介する。

ボーディングとは「下宿」「寄宿」といった意味だが、一部の生徒を除いて、多くの生徒が校長をはじめ教師とともにキャンパス内の敷地に住み、学校生活を送る。全米に2700校あるデイスクールにくらべて、その数は圧倒的に少ない。全米で300校ほどで、そのほとんどは緑豊かな自然に囲まれた、いわゆる田舎にある。

アメリカは、その広大な国土の9割以上を田園地帯が占める。見渡すかぎりの田畑が延々と続く光景もめずらしくない。

この自然豊かな田舎の土地が広くあることと、教育はできるかぎり喧騒に満ちた都会から離れた静かな環境で行うのが好ましいという考えから、田舎に寮制の学校が多く建てられている。

キャンパスでは、前述したように生徒と教師が寝食をともにする生活を送る。食事も1日3回、キャンパス内の食堂で生徒と教師がテーブルに並んでとる。午前中の授業と昼食の合間に30分ほど集会の時間があり、生徒と教師が話をしたり、楽器を演奏して歌を楽しんだりする。

生徒と教師はつねに密に関わり合いながら、良好な学習環境を保っており、そのフレンドリーな関係は、ひとつの大ファミリーを思わせる。

こうした環境のもとで、リベラルアーツ教育が実践されている。それは勉強ばかりではなく、スポーツや芸術にも親しみ、心身の健康、柔軟な思考、フェアな精神、またリーダーシップを備えたバランスのとれた豊かな人間性の育成を目的とする教育である。

その一環として、放課後のクラブ活動はもちろん、スポーツや芸術、またボランティアへの参加など課外活動を生徒に義務づけている。

スポーツでは水泳、ゴルフ、バスケットボール、芸術では音楽、演劇、絵画、ボランティアでは病院、老人ホーム、図書館での活動が多い。学校のある地域にはスポーツチームや音楽・演劇サークルなどがあり、生徒たちはそこに所属して、映画館やゲームセンターなどの娯楽のない規則正しい生活環境のもと、課外活動に精いっぱい打ち込む。

そして、その活動の中で楽しさや喜びを感じ、学校生活を充実させる工夫をしながら、人間性豊かな人格を養う。

生徒の活発な課外活動を通して、多様な価値観と心の広さを育み、豊かな人間性を養うことが、リベラルアーツ教育の目指すところともなっている。

## 課外活動で豊かな人間性を養う

アメリカの高校では、リベラルアーツ教育の充実を目的として課外活動を重視しているわけだが、それにはもうひとつ大きな理由がある。大学を受験する際、成績のほかに課外活動への参加が評価されるからだ。

アメリカの大学の入学審査では、先々に能力を発揮すると思われる生徒を高く評価する。将来性を見定めるために、審査では成績に加えて人物評価も重要視される。その人物評価の重要なひとつとして、いかに課外活動に取り組んだかが評価の対象になるからだ。

生徒は日々さまざま活動に励む。スポーツに汗を流す生徒もいれば、芸術活動に情熱を傾ける生徒もいる。また、ボランティア活動に精を出す生徒もいる。

それらの活動は自分の好きなことや得意な分野であるから、力を注ぐことは日々の生活に活力とうるおいをあたえる。それだけではなく、心身が鍛えられ、豊かな人間性が形成されて、さらに社会生活に必要な自律心や協調性が身についていく。

ただし、ここで大事なことは、入学審査を有利に進めることを目的として課外活動を行うのでは意味がないということである。

そもそも大学は課外活動自体を評価するわけではない。では、課外活動の何を評価するのか。課外活動を通しての「人間的成長」である。

たとえば水泳に音楽、それに老人ホームのボランティア活動と、3つをかけ持ちして奮闘している生徒がいたとする。課外活動に対する情熱は立派だが、ただ活動の数や活動の長さで頑張ったというだけでは、大学からの評価は期待できない。

どれだけの数の活動をしたか、活動にどれだけの時間をかけたかなどは重要ではないのだ。たとえ活動がひとつであっても、しっかりと取り組んだ結果、規律性や責任感、統率力など幅広い能力が身につき、課外活動の経験を通して人間として成長したならば、大学が求める人間像として受け入れられる。そこをきちんと示すことができれば、入学審査で評価される。

大学進学を有利にするための課外活動ではなく、入学審査を意識せずに自分を高め、人間として成長するための課外活動でなければ無意味なのである。

その点は、教師から課外活動の意義についてレクチャーされていることもあって、十分に認識している優秀な生徒も多く、学校生活の中で積極的に課外活動に取り組んでいる。

## 生活の中にいつも音楽がある

芸術系の課外活動では音楽が、もっとも人気が高く、活動も盛んといわれる。

アメリカの高校、とくにボーディングスクールは、どこも音楽のカリキュラムが充実している。一般的な音楽授業に加え、合唱、器楽演奏、学年別によるコンサートバンド、ジャズアンサンブル、オーケストラを組織するなど活発にカリキュラムを展開している。

生徒の多くは、こうした授業に日常的に接することで音楽的感性が大いに刺激され、授業の延長として課外活動に音楽を選択しているのだ。

そして、次のような環境が背景にあることも見逃せない。

アメリカの中流家庭にはたいていピアノがあり、母親は趣味のようにピアノを弾き、子どもたちは何かしらの楽器を習う。家庭の中で親子が合奏し、子どもはその腕前を披露して、家族で演奏を楽しむ。

日曜日ともなれば教会へ礼拝に行き、牧師の説教と賛美歌のあとに開かれるミニコンサートに子どもたちが出演する。

音楽が毎日の生活の中に深く根を下ろしており、〝音楽のある光景〟はきわめて日常的なものとなっている。

また、アメリカでは6月から9月にかけて全米各地で音楽祭が開催される。

都会から離れた涼しい山間部の自然の中で行われ、ダングルウッド音楽祭（マサチューセッツ州バークシャー）、ラヴィニア音楽祭（イリノイ州ハイランドパーク）、アスペン音楽祭（コロラド州アスペン）などが有名である。ちなみにダングルウッド音楽祭とラヴィニア音楽祭は、日本を代表する指揮者小澤征爾が音楽監督を務めたことでも知られる。

音楽祭には世界各国から一流アーティストが集まり、クラシックのほか、ジャズ、ポップス、フォークなど、さまざまなジャンルの音楽が演奏される。なかでもアマチュアバンドも参加する野外コンサートは人気で、アメリカの夏の風物詩ともなっている。

アメリカの中学校・高校は5月に年度の授業が終了して、9月に新年度が始まるまで3か月の長い夏休みがある。

それは、まるで音楽祭に行くためのような夏休みで、実際、全国から数多くの生徒がやって来る。そして、トップアーティストたちの質の高い音楽を楽しみ、音楽祭の体験から音楽をつねに身近にある存在として感じ、リスペクトの気持ちさえ抱く。

アメリカには、こうした音楽的な土壌があるため、課外活動に音楽を選択する生徒が多いのである。

生徒のほとんどの親たちも、音楽活動に取り組むことを歓迎している。音楽に親しむことは、子どもの未来を豊かにする絶好の機会と考えているからだ。

そのため、練習によって歌や演奏が上達することなどには関心がない。音楽活動を楽しむなかで、人間性や多様な価値観が養われることを期待しているのである。

# 大学になぜ音楽学科があるのか

## 「自由七科」を大学で学ぶ

アメリカには4000校ほどの大学があるが、次の4つの種類に大別される。

大学院レベルでの研究や専門的な教育に重点を置く、一般にユニバーシティと呼ばれる総合大学。

幅広く学問にふれて知識・教養を身につけ、バランスのとれた人間を育てる「自由七科」教育を基本とするリベラルアーツカレッジ。

その州の住民なら誰もが入学でき、仕事に直接役立つ実学中心の教育を行う、州立大学および日本の専門学校のような2年制のコミュニティカレッジ。

音楽や美術などを専門に学ぶプロ志向の芸術系大学。

これらの大学の中で、もっともポピュラーで人気が高いのがリベラルアーツカレッジといわれる。全米に600ほどあり、学生数が1000人から2000人くらいの小規模な4年制の私立大学である。そのほとんどが全寮制で、自然豊かな地方都市の広大なキャンパスで大学生活を送る。

授業は講義形式ではなく学生参加型が多く、1クラスが20人から30人という少人数制がとられている。そのため教授と学生のつながりが深く、また学生同士のきずなも強い。こうしたアットホームな雰囲気の学習環境が似ていることから、ボーディングスクールから入学する高校生が多いという。

エリート総合大学のハーバードやコロンビアと匹敵するレベルの高い学校から、ごく普通のレベルの学校まであるが、マサチューセッツ州のアーマスト（Amherst）やウィリアムズ（Williams）、コネチカット州のウェズリアン（Wesleyan）などが伝統ある名門校として知られる。アーマストは明治の教育者の新島襄《にいじまじょう》が学び、この大学をモデルにして同志社大学を創立したことでも有名である。

大学では、学生たちは自由7科（言語系3科＝文法・論理学・修辞学、数学系4科＝算術・幾何・天文学・音楽）を中心に自然科学、社会科学、人文科学にわたる幅広い分野の教養科目を履修し、2年生の終わり頃に学位を取得するために、もっと学びたい分野や興味のある分野から専攻科目を選択する。

専攻科目を選ぶにあたり、ダブルメジャーといって異なる2つの分野を専攻することもできる。また、途中でその分野が自分に向かないと思ったら、専攻を変えることも可能である。さらに専攻以外の分野の授業を取ることもでき、そのための講座や実習などが開かれている。

なぜ、このような柔軟なシステムがとられているのだろうか。

日本の大学は、入学するときに法学部法律学科などと定まった学部学科に入学するが、ここでは学部も学科もなく、大学名だけで入学する。つまり、大学そのものに入学するのであって、「学部・学科に所属する」という概念がない。学生に学びたい分野が見つかるまで、自由に選択できるようにと考えてのことである。

アメリカでは「自分の能力についてまだわかっていない、20歳頃のうちは目標を決めるべきではない」「専門的な学問は大学院で学ぶ」という考え方が定着しており、大学生のあいだはさまざまな分野に挑戦して、自分の可能性や適性を探ることが大切だとみなされているのである。

## 音楽から何を学び取るのか

リベラルアーツカレッジには30から50ほどの専攻科目が置かれているが、どの大学にも音楽学科がある。

高校時代に課外で音楽活動をしていた経験をもつ学生の専攻が多いなか、ピアノを一度もさわったこともない、まったく音楽を勉強してこなかった学生の専攻も少なくない。高校生の頃になって音楽に興味をもち、大学で音楽を勉強したいと思う学生がいても、決してめずらしくはないからだ。

そんな学生たちにも本格的に音楽を学んでもらおうと音楽学科を設けている。誰にでも等しく音楽を学べる機会をあたえている。

学ぶ内容は多岐にわたり、器楽を例にとってみても、ピアノ、ヴァイオリン、ギター、フルート、サックス、ドラムなどなど。ジャンルはクラシックをはじめジャズ、ポップス、民族音楽、電子音楽などというように、楽器とジャンルの組み合わせの数だけコースが設けられている。

また、音楽理論、音楽史、指揮、作曲、音楽ビジネス、音楽療法などの分野があり、まったくの初心者も一から学ぶことができる。

さらに声楽や演奏のレッスンを受け、オーケストラやジャズバンドなどのアンサンブルに参加し、コンサートで成果を発表するなど、実習授業で感性を磨く。

音楽大学に勝るとも劣らない充実したカリキュラムだが、だからといってプロの音楽家を育てることを目的としてはいない。才能があればピアニストにもギタリストにもなれるし、それがダメでも自分が豊かになればいいというスタンスである。

リベラルカレッジにおける音楽教育は、「音楽を楽しむ」という姿勢を基本としている。音楽は心を豊かにするもの、日々の生活に潤いをあたえてくれるものとして位置づけられており、人間としての基礎のひとつを育むためにあるという考え方だ。

音楽を楽しみながら、学生生活に彩《いろど》りをあたえ、自身の潜在力、適性を見つけ出していく。その根をのびやかに成長させていくことが、音楽教育の務めと考えられている。

# 音楽教育を牽引する全米最古の大学

## 多くの総合大学に音楽学科がある

アメリカには460校ほどの総合大学があるが、そのほとんどはリベラルアーツカレッジから始まって発展したものである。

全米最古にして一流エリート校としても世界的に知られるハーバード大学も、その代表的なひとつで、もっとも早くから音楽学科が設立された。

創立当初、ハーバードカレッジと呼ばれた神学校だったが、ドイツのゲッティンゲン大学に学んだアメリカの教育者たちが、アメリカの教育が遅れていることを痛感し、帰国後、ドイツの近代的カリキュラムとともに音楽教育も伝え、ハーバード大学に音楽学科が創設されたのである。

▼おもな総合大学の創立年と音楽学科設立年

| | | |
|---|---|---|
| ハーバード大学（マサチューセッツ州ボストン） | 1636年創立 | 1855年音楽学科設立 |
| イェール大学（コネチカット州ニューヘイブン） | 1701年創立 | 1890年音楽学科設立 |
| ニューヨーク大学（ニューヨーク州ニューヨーク） | 1831年創立 | 1923年音楽学科設立 |
| コロンビア大学（ニューヨーク州ニューヨーク） | 1754年創立 | 1947年音楽学科設立 |
| スタンフォード大学（カリフォルニア州サンフランシスコ） | 1891年創立 | 1947年音楽学科設立 |
| マサチューセッツ工科大学（マサチューセッツ州ボストン） | 1865年創立 | 1961年音楽学科設立 |

その後、ハーバード大学にならってイェール大学、スタンフォード大学、マサチューセッツ工科大学などの名門総合大学も音楽学科を置くようになり、現在にいたっている。

日本では大学レベルの音楽教育といえば、もっぱら音楽大学での教育であり、まして マサチューセッツ工科大学のような理工系の大学に音楽学科があるというのは、日本では例がない。

総合大学における音楽教育も、プロの音楽家養成を目的としているものではなくリベラルアーツ、一般教養としての音楽として位置づけられているからである。

## 「音楽を学ぶ」のではなく「音楽で学ぶ」

どの大学の音楽教育にもリベラルアーツの考え方が浸透しているが、世界の音楽事情に詳しい音楽ジャーナリストの菅野理恵子氏によれば、大学によって「音楽を学ぶ」ことへのアプローチがそれぞれ異なるという。その大学の教育理念をもとに工夫や試みがなされている。

たとえば、ハーバード大学では「音楽を通して多様な価値観を理解する力」を学び、コロンビア大学では「音楽に表現されている思想や発想力」を学ぶ。また、マサチューセッツ工科大学では「音楽が伝える創造的な思考」を学ぶ。

とりわけ音楽教育に長い歴史をもつハーバード大学には、音楽学科の科目に音楽理論、音楽学、民族音楽学、音楽心理学など幅広いカテゴリーの授業がある。

その中に「初日~5つの世界初演」という興味深い授業が行われているのを、菅野氏が報告している。学生たちが第三者的な立場ではなく、当事者として音楽に深く関わることを目指す授業という。

授業で取り上げるのは、次の5作品の世界初演である。モンテヴェルディ『オルフエオ』（1607年イタリア・マントヴァ初演）、ヘンデル『メサイア』（1742年アイルランド・ダブリン初演）、ベートーベン『交響曲第九番』（1824年オーストリア・ウィーン初演）、ベルリオーズ『幻想交響曲』（1830年フランス・パリ初演）、ストラヴィンスキー『春の祭典』（1913年フランス・パリ初演）。いずれも観客を感動させ、革新に満ちた新しい時代の音楽と評されたことで知られるという。

この初演時の新聞記事や評論などの資料から、批評的な音楽の聴き方を学ぶとともに自分もその場にいて世界初演を聴いたような疑似体験をする。さらに、現在活躍している作曲家に新作を依頼し、その世界初演を聴いて、鑑賞後にリポートを提出して授業は終了する。

世界初演の音楽にスポットライトを当てることによって、音楽史について学びながら、初めて聴く音楽をどのようにとらえられるかという洞察力を養うのだという。

ハーバード大学の3分の2の学生は、何かしらの楽器を演奏でき、音楽で地域社会に貢献するボランティア活動も盛んだという。そして、そのほとんどの学生は音楽家志望ではない。

ハーバード大学を首席で卒業し、現在、日本人バイオリニストとしてニューヨークで活動している廣津留《ひろつる》すみれ氏は、プロになるためにハーバードに進学したのではないという。彼女は進学について、こう語る。

「ハーバードに進むとき、音楽をやるというつもりで入学したわけではなく、最初の専攻は応用数学でした。そこから社会学や音楽などいろいろ専攻を変えました。ハーバードは課外活動への取り組みが素晴らしく、それにひかれて入学したので、勉強は勉強、音楽は音楽と分けて両立させて学生生活を楽しむというスタンスでした」

ハーバード大学のキャンパスからは、昼休み時になると、どこからともなくピアノやヴァイオリンの音が聞こえてくる。それは、単に楽器の音が聞こえてくるというのではなく、キャンパス全体から自然にかもし出される雰囲気であるという。それほど音楽がキャンパスに溶け込んでいるのだ。

ハーバード大学にかぎらずアメリカの大学では、こうした光景は特別なものではなく、ごく自然な日常としてある。

アメリカの大学において音楽学科で学ぶということは、「音楽を学ぶ」のではなく、「音楽で学ぶ」ということ。音楽を通して人間や社会について、いかに学ぶべきかということを学ぶのである。

# キャンパスに高まる実践の学び

## 知識を実践する「身体知・音楽」――慶應義塾大学

アメリカの大学では文科系・理科系を問わず、すべての学生にリベラルアーツとしての音楽が必要であるという考え方が古くから浸透している。

それに対して日本では、これまで音楽はおもに音楽大学で専門的に教えられてきたが、日本でもグローバルな社会変化の中でリベラルアーツの重要性が注目され、近年は音楽科目を導入する総合大学が現れてきている。

ここでは慶應義塾大学、フェリス女学院大学、青山学院大学、金城学院大学の4校の取り組みを紹介する。

慶應義塾大学（東京都港区）に多彩な実践的研究活動を展開している教養研究センターという機関がある。「21世紀という新たな時代において、教養の意味と意義を広く、また深く問い、教養に関わるさまざまな事柄を具体的に研究していくことが肝要である」として、2002年に開所された。

この教養研究センターが主催している教育プログラムのひとつに「身体知・音楽」という科目授業がある。慶應で学ぶ全学部の学生を対象に、横浜の日吉キャンパスで開かれている音楽科目で、リベラルアーツとしての音楽の意味を実践的に学ぶことで理解する授業という。

「身体知・音楽」の「身体知」とは何か。

野球のスイングやゴルフのショットなどスポーツの世界では、「頭ではなく体で覚えろ」という言葉をよく耳にする。しばしばたとえに出されるのが自転車の練習である。何度も何度も転びながらチャレンジしていくうちにあるとき、ふっと乗れるようになる。これは頭で学んだのではなく、身体が会得した知恵であり、「身体知」とは、実際に身体を動かすことを通して身につけられた知恵をいう。

この「体で覚える」を音楽と関連づけて学ぶ実践授業が「身体知・音楽」である。

「身体知・音楽」授業には、声楽アンサンブル（合唱音楽を通じた歴史的音楽実践）クラスと器楽アンサンブル（古楽器を通じた歴史的音楽実践）クラスがある。

声楽・器楽それぞれの歴史に残る音楽作品の演奏活動を行い、その作品に秘められた歴史、文化、思想などを多角的視点から再確認する。

そのひとつに「18世紀のオーケストラと演奏習慣」と名づけられた授業がある。ハイドンやモーツァルトの交響曲に代表される18世紀のオーケストラ音楽を、現代の演奏方法ではなく、当時の演奏スタイルで行う。

この実践を通して、作曲家たちが何を演奏者や聴衆に求めていたか。また、作品にどのような音楽的メッセージが込められていたかなどを探求する。学期末には、その成果を発表する演奏会が大学のコンサートホールで行われる。

「決して字を読むことのみを勧むに非《あら》ず」

これは、大学の創立者福澤諭吉の『学問のすすめ』の中の言葉である。

教室の中で狭い学問をしているだけでは学問は深まらない。実践的に身体を動かして学ぶ広い学問も必要だという意味だが、「身体知・音楽」授業は、まさに福澤の教えを体現しているといえよう。

## コンサート創りで社会とつながる――フェリス女学院大学

女子大の名門として知られるフェリス女学院大学（神奈川県横浜市）では、1989年に声楽学科、器楽学科、楽理学科の3学科からなる音楽学部を開設。総合大学では早くから音楽教育に取り組んできた。

その後、2004年に楽理学科を音楽芸術学科に、翌2005年には声楽学科と器楽学科を演奏学科に改編して、音楽学部は音楽芸術学科と演奏学科の1学部2学科体制になった。

教育理念は、「音楽の領域の中心とした総合的な学びを通して現代文化に対する理解を深めることにより、社会に積極的にかかわる創造性豊かな人材を養成する」である。

カリキュラムは学生が主体性をもって創作、実践することに重点が置かれていて、ほとんどのゼミでコンサート制作実習が行われている。その作品が内包している歴史、文化、思想など多角的な視点から見つめ直す。

自作の曲をプロの音楽家と共演ライブをしたり、学校や病院などの施設に出張演奏をしたりしながら、コンサートマネジメントも学ぶ。

コンサートマネジメントとは、公演前までに必要な事前準備と公演当日に必要な業務を行うことである。会場の

▼フェリス女学院大学音楽学部生のコンサートのポスター

予約・申し込み・打ち合わせ、チケット・チラシ・ポスター制作・配布、公演パンフレット作成、プログラム配布、アンケート配布・回収などである。

こうしたマネジメントの知識は、プロの音楽家志望であるかないかに関係なく、ビジネス全体に関わることであり、社会に出て必ず役に立つものなので、しっかり学び取るようにと担当教授は指導しているという。

フェリスは学部間交流が活発なことでも知られる。他学部に開講している科目も多くあり、音楽学部は半分以上の単位が他学部の科目であっても卒業できる柔軟なカリキュラム編成にしている。

他学部から音楽学部の科目を履修する学生も多く、ポピュラー音楽史、音楽ジャーナリズム、コンピュータ音楽制作などが人気という。

そして、さらなる緻密なカリキュラムを提供するために2019年4月、音楽芸術学科と演奏学科の2学科1学部体制を「音楽芸術学科」の1学部1学科に改編。「音楽を通した実社会との接続とグローバル化へ対応するため教育内容の充実を図る」として、幅広いリベラルアーツとしての音楽教育を目指している。

## 音楽の「好き」を追求する――青山学院大学

青山学院大学（東京都渋谷区）では、２０１２年に音楽・美術・映像演劇の３分野からなる文学部比較芸術学科が誕生した。

もともと音楽と美術は文学部の史学科に、演劇は英米文学科に属していたが、映像部門も立ち上げ、比較芸術学科として新しい学科が発足した。

３分野を基本的、総合的に学び、そのうえで自分の専攻した分野を深く学ぶカリキュラムがとられている。１年から４年まで、だいたい次のような授業内容で進行する。

１年と２年に音楽・美術・映像演劇の基本科目を横断的に勉強する。演奏会や展覧会、映画、舞台などを鑑賞し、３分野の芸術を比較しながら体験的に学ぶ。

３年になると、３分野の中から自分のもっとも好きな、いちばん深めたい分野を選択して専攻し、ゼミに参加する。

音楽専攻は、演奏などの実習がない講義中心の授業である。西洋音楽や日本伝統音楽、さらに東洋音楽の楽曲分析、古い楽譜の解読や演奏法など作品鑑賞に必要な専門知識を学ぶ。

大学には音楽関係の文献や視聴覚資料が充実しているので、レポートを作成する際は図書館とあわせて利用する学生が多い。また、ゼミ間の関係もフレンドリーな雰囲気で、夏休みにはそろって合宿に行き、情報交換するなど親睦を図っているという。

課外活動も活発で、学生有志で音楽研究会を結成し、定期勉強会や会報制作、さらには日本フィルハーモニーやＮＨＫ交響楽団などの公演に出かけて学びを深めている。

## 3つのプログラムで実践力を養う——金城学院大学

金城学院大学（愛知県名古屋市）は「強く、優しく」をモットーにし、１３０年の歴史をもつ女子教育の伝統校である。

総合大学の強みを生かし、学生間の幅広い交流を通して人を思いやる優しさをもった有能な人材を育てることをスローガンに掲げている。

音楽教育は、２０１３年に文学部音楽芸術学科としてスタート。前身は２００２年に開設した人間科学部芸術表現療法学科で、音楽を専門に学びたいという学生が増えたことから文学部に移行した。

音楽芸術学科は、ピアノ、声楽、管楽器の3つのコースからなり、文学部の中に位置づけられた学科ならではの一般教養科目と実践的な専門教育カリキュラムをあわせもつ。

ピアノコースでは、現役のピアニストや指導者による個人レッスンに加え、アンサンブル演奏法などの科目を学ぶ。声楽コースでは、現役の声楽家による発声レッスン、オペラ作品の鑑賞や研究、合唱法などに取り組む。管楽器コースでは、プロの演奏者、オーケストラの楽団員による器楽レッスン、管楽器アンサンブルなどの授業を受ける。

学生は、この3つのコースに所属しながら実践力を養う。

そのプログラムが、中学・高校の教師になりたい学生のための「音楽教員育成プログラム」、ピアノ教室、音楽教室講師を目指す学生のための「ピアノ指導者育成プログラム」、演奏家を志望する学生のための「演奏家育成プログラム」である。

音楽教員育成プログラムは、「音楽と文学」「ヨーロッパの文化と芸術」などの教養科目を中心に、合唱や吹奏楽の指揮・演奏・指導法などを学ぶ。

ピアノ指導者育成プログラムは、大学の委託を受けた音楽教室でピアノレッスンの見学や実習を行うとともに、子どもへのレッスンを実際に体験して、演奏法や指導力を養う。

演奏家育成プログラムは、コンサートでの演奏表現力を図る「ソリスト育成特別レッスン」授業のほか、活動の場を広げるためのアンサンブル科目を学び、留学に向けた外国語の授業も用意されている。

コースの所属に関係なく、この3つのプログラムを複数履修できるという。

また、地域の優れた指導者や音楽教室とタイアップした定期演奏会やリサイタル、プロの楽団との共演コンサートなど、社会と結びついた豊富な演奏発表の場が提供されている。

こうしたリベラルアーツとしての音楽科目を設けている総合大学は、アメリカに比べればまだはるかに少ないが、グローバリズムの拡大にともない、今後は数を増やしていくに違いない。

# いまこそ求められる音楽の学び

## 人間基礎力が強い武器に

パフォーマンスを大事にする歴史をもつアメリカでは、新入社員を採用する際、学歴や在学中の成績だけではなく、音楽活動に携わってきた実績も考慮する企業が多い。日本の企業でも近年、その傾向が見られるという。

音楽を学ぶことの効能については、脳科学の面でも心理学の面でも解明されてきているが、では社会的評価はどうだろうか。

第1章の「私とピアノレッスン」で体験談を寄せてくれた東大生のY・O君は、こう語る。

「まず礼儀正しいということじゃないでしょうか。楽器だけではなく声楽など音楽全般に言えることだと思いますが、習う生徒の多くは子どもの頃から教室で先生から厳しいマンツーマン指導を受けます。ですから、目上の人との接し方や礼儀が自然と身につくようになります。

それとコミュニケーション力もあるように思います。レッスンのことや、それ以外のことでもいろいろ相談するので。ほかの生徒と一緒に練習するグループレッスンの体験もコミュニケーション力がつくので、そうしたところが社会で評価されているのではないでしょうか」

毎年、経団連が発表している企業の新卒採用に関するアンケート調査がある。その調査によると採用選考で重視される能力の第1位は、2004年から14年連続で「コミュニケーション能力」だった。

ビジネスの社会において、他者と円滑に意思の疎通が図れるコミュニケーション力が、いかに重要であるかを示しているデータである。

就職において評価されるのは、そのほかにもひとつの楽器と向き合って努力を重ねる忍耐力、楽譜を完璧に覚える集中力、不安を乗り越えて発表会や演奏会の舞台に立つ精神力などがあげられる。加えて、「人のために演奏したい」というボランティア精神もある。

音楽を学ぶことで培われた、こうした「人間基礎力」は、就職の際には大きなアドバンテージになる。実際、企業の採用担当者に音楽を学んだ学生を高く評価する人も少なくない。

どんな職種であっても、音楽を通じて得られた特質は有効にはたらき、また社会生活を送るうえでも強力な武器になるだろう。

## 心をひとつにつなぐメッセージ

「音楽は世界の言葉」「歌は世界の共通語」といわれる。音楽は頭で考えて言葉で説明しなくとも、一瞬に通じ合える不思議な力をもっている。

また、言葉が通じなくとも、その言葉を歌にすると、世界の人と気持ちを分かち合い、〝共にいる〟〝共に感じる〟思いがする。音楽は人から人への心のメッセージといえる。

私たちは音楽にふれたとき、思わず込み上げてくるような激しい感動を覚えることがある。慰められたり、勇気づけられたり、心がはずんだりする。

音楽は、ときには言葉以上の強力なメッセージをもって人の心をゆり動かす。そして、人の間にシンパシーを呼び起こし、心をひとつにつなぐ。

興味深い話がある。

来日中のあるピアニストが、テレビに自爆テロのニュースが流れたとき、「彼（テロリスト）には、音楽が足りていなかったんだね」と悲しげに言ったという。

おそらく、テロリストに他者への理解、思いやりが欠如していたため、こうした惨劇を招いてしまったという意味の言葉だろう。

グローバル化が進み、ロボットや人工知能の発達によって価値観が多様化する現代社会。そうした社会の中で人間らしい営みをするためには、他者を理解し、互いに心を寄せ合う努力、多様性を認め合う想像力が求められる。

音楽という芸術に出会い、アンサンブルの美しいハーモニーに酔い、オペラの迫力ある声量に圧倒され、シンフォニーの見事な構成と調和に心打たれる。

その感動が人間性を豊かにし、いまを生きる力を養うことにつながるのであり、それこそが音楽を「学ぶ」ことの最大の意義なのである。

音楽をこよなく愛した科学者、アインシュタインの言葉で本書を締めくくりたい。

私はよく音楽の中で思索し、音楽の中で空想している。
私は音楽から自分の人生をとらえている。

## 写真提供協力

p.91　ヤマハ株式会社

　　　河合楽器製作所

p.94　国立音楽大学楽器学資料館

p.97　東京藝術大学音楽学部大学史史料室

## 雑誌

『イマドキの習い事』週刊東洋経済2015年10月24日号

『東大生がしてきた習い事は？』週刊ダイヤモンド2015年8月8日号

『習い事で非認知能力を伸ばせ』週刊東洋経済2017年2月11日号

『現代「習い事」事情』総合人間科学研究2009年第１集

『塾と習い事に通う子どもの歴史と今』都市問題2014年6月号

『漱石の小説にみる音楽のある風景』 桐朋学園大学研究紀要1996年第22集

## web記事

今こそ音楽を！海外の音楽教育ライブリポート

Ｂenesse教育情報サイト

「脳のワーキングメモリーを鍛える方法」ＳＴＵＤＹ ＨＡＣＫＥＲ

信濃毎日新聞松本専売所ＷＥＢ

こどもまなび☆ナビ

「開成中では全員がピアノを弾いている」ピティナ

「リベラル・アーツの過去・現在・未来」High School Times

「幼児期・児童期の音楽学習と幸福度やグローバルネットワーク社会への適応力との関係性に関する調査」報告書

慶応義塾大学ホームページ

青山学院大学ホームページ

フェリス女学院大学ホームページ

金城学院大学ホームページ

東大ピアノ会ホームページ

東京六大学ピアノ連盟ホームページ

西村書店ブログ

日本ブラインドサッカー協会ホームページ

# 参考資料

## 書籍

『習い事狂騒曲』おおたとしまさ／ポプラ社
『頭のいい子が育つ習い事』東大家庭教師友の会／ＫＡＤＯＫＡＷＡ
『脳のしくみがわかる本』寺沢宏次／成美堂出版
『脳のひみつにせまる本』川島隆太／ミネルヴァ書房
『頭のいい子を育てる音楽の魔法』大沢章子訳／主婦の友社
『そうだ！音楽教室に行こう』大内孝夫／音楽之友社
『子どもの脳がぐんぐん育つ「やる気脳」を育てる』澤口俊之／小学館
『幸せになる成功知能ＨＱ』澤口俊之／講談社
『ピアノを読む本』「音楽を読む本」編集委員会／ヤマハミュージックメディア
『ピアノの誕生』西原稔／講談社
『ピアノの歴史』大宮眞琴／音楽之友社
『瓜生繁子』生田澄江／文藝春秋企画出版部
『音楽留学 in USA』栄陽子／三修社
『アメリカの大学で「芸術」を学ぶ』栄陽子・村野浩平／三修社
『脳のワーキングメモリを鍛える！』栗木さつき訳／ＮＨＫ出版
『リベラルアーツの学び』芳沢光雄／岩波書店
『幸せのメカニズム』前野隆司／講談社
『ピアニストの脳を科学する』古屋晋一／春秋社
『ハーバード大学は「音楽」で人を育てる』菅野恵理子／アルテスパブリッシング
『国家』藤沢令夫訳／岩波書店
『日本古典文学大系63』岩波書店
『漱石全集・第六集』筑摩書房

## 著者プロフィール

**中村 三郎**(なかむら さぶろう)

フリージャーナリスト、放送作家。歴史、社会、言語の分野を中心に執筆活動、TV番組の企画・制作に携わる。主な著書に『ひと目でわかる霞が関の権力地図』(KKベストセラーズ)、『帰化動物たちのリストラ戦争』(角川書店)、『肉食が地球を滅ぼす』(双葉社)、『お墓なんていらない』(経済界)など。近著に『「死」と向き合う「おくりびと」たち』(双葉社)、『平成新語 出どこはどこ?』(柏書房)がある。

編集協力　友楽社

カバーデザイン　ヨシノブデザイン

**なぜ東大生《とうだいせい》の2人《ふたり》に1人《ひとり》はピアノを習《なら》っていたのか**

発行日　2020年　3月10日　第1版第1刷

著　者　中村《なかむら》　三郎《さぶろう》

発行者　斉藤　和邦

発行所　株式会社　秀和システム

〒135-0016

東京都江東区東陽2-4-2　新宮ビル2F

Tel 03-6264-3105（販売）　Fax 03-6264-3094

印刷所　日経印刷株式会社



ISBN978-4-7980-5674-6 C0037